Ewald Kohler
Jürgen Schuster

# Tafelbilder

## für den Geschichtsunterricht

Teil 2: Vom Absolutismus bis zur Gegenwart

16. aktualisierte Auflage 2025


Autor*innen: Ewald Kohler, Jürgen Schuster
Illustrationen: Gabriele dal Lago, Otterfing
Satz: Fotosatz H. Buck, Kumhausen
Druck und Bindung: Joh. Walch GmbH & Co. KG
ISBN 978-3-403-**01821**-6

www.auer-verlag.de

# Inhaltsverzeichnis

# Geschichtsunterricht mit Tafelbildern

Diese Sammlung von Tafelbildern versteht sich als Hilfe für Geschichtslehrkräfte und -studierende bei der Gestaltung von Tafelbildern und als Hilfe für die Verwirklichung der Lehrpläne der verschiedenen Schularten. Um die darin enthaltenen Lerninhalte zu veranschaulichen, hervorzuheben und zu strukturieren, dafür sollen die vorgestellten Tafelbilder für einzelne Geschichtsstunden ein Vorschlag oder eine Empfehlung sein. **Dabei bleibt dem Lehrer/Studierenden freigestellt,** eigene Schwerpunkte zu setzen, bestimmte Aussagen umzuformulieren oder wegzulassen oder durch eigene farbliche Nuancierung neue Sichtweisen zu betonen. Das Tafelbild soll sich der Unterrichtskonzeption des Lehrers anpassen, nicht umgekehrt. Die hier vorgestellten Tafelbilder werden durch die Chronologie abgegrenzt und geordnet, nicht durch die Einteilung in Klassenstufen.
Erleichternd für den Lehrer/den Studierenden und vor allem für den Schüler soll dabei die wiederkehrende Verwendung aussagekräftiger Symbole und grafischer Zeichen sein, die dazu beitragen, ähnliche Zusammenhänge, Entwicklungsprozesse und Gesetzmäßigkeiten aufzuzeigen. Nach einer Phase der Einarbeitung wird es Lehrern, Studierenden und Schülern möglich sein, sich wiederholende Prinzipien der Geschichte, wie beispielsweise Kriege, Bürgerkriege, Aufstände, Aufstieg und Fall, Religionen, Stilepochen, grafisch ähnlich zu gestalten, wobei das Einzigartige, Individuelle der Ereignisse ebenfalls zum Tragen kommen wird. Hier helfen wiederum die Symbole, die so gewählt sind, dass auf einen Blick erkennbar wird, welcher Einzelfall gerade auf dem betreffenden Blatt behandelt wird. Beispiel: Typische Kronen, Gesellschaftspyramiden, Waffen, Stilmerkmale, Kreuze, Werkzeuge, Grundrisse, Transportmittel – sparsam angewendet und meist stilisiert – sollen beim zeitlichen und thematischen Einordnen eines Ereignisses behilflich sein, dabei jedoch nicht plakativ dastehen, sondern integrativ, d. h. mit dem Thema in einen inneren Zusammenhang gebracht werden.

Hier einige ergänzende Bemerkungen zur **praktischen Verwendung** der Tafelbilder:

- Wegen der Form der meisten Tafeln wurde das Querformat gewählt.
- Die Tafelbilder können auch über eine Dokumentenkamera eingesetzt werden.
- Dem Schüler kann ein „leeres" grafisches Gerüst zur Hand gegeben werden (Arbeitsblatt).
- Manchmal sind Tafelbilder so umfangreich gestaltet, dass sie zwei Unterrichtsstunden oder eine Unterrichtseinheit zusammenfassen.
- Am Ende steht oft eine Schlussfolgerung oder Überleitung zum nächsten Thema, woran bei Folgethemen oft angeknüpft wird.
- Sprachlich ist das Werk im Nominalstil gehalten.
- Durch Verwendung verschiedener Schrifttypen und Farben werden Hervorhebungen vorgenommen.
- Dort, wo es unumgänglich schien, werden sehr kurze, didaktisch-methodische Anregungen beigefügt (s. S. VI).

Die Tafelbildsammlung erleichtert dem Lehrer die Durchführung seines Unterrichts. Gleichzeitig erfüllt sie erzieherische Aufgaben beim Schüler. Die ständige Verbindung von Wort und Bild, von Schreiben und Zeichnen steigert seine Aufmerksamkeit, verhindert ein Auswendiglernen ganzer Sätze und fördert den Einblick in geschichtliche Strukturen. Die schrittweise Entstehung eines Tafelbildes **(kein vollständiges Anbieten am Ende der Stunde!)**, ausgehend von einem „leeren" grafischen Gerüst bis zum „ausgefüllten" Bild, setzt den Schüler in den Stand, sowohl Einzelschritte als auch die Gesamtstruktur zu verstehen, sie sich einzuprägen und wiederzugeben. Das kann zu der Fähigkeit führen, die vielfältigen historischen Beziehungen besser zu begreifen. Durch die oben angesprochene Wiederholung ähnlicher grafischer Zeichen und Symbole lernt der Schüler, deren Aussagewert sprachlich umzusetzen und sie auf kommende Strukturen zu übertragen. Wenn beispielsweise der Schüler weiß, dass Kriege sich in „Ursache – Anlass – Gegner – Verlauf – Ergebnis – Folgen" strukturieren lassen, so bedeutet das grundsätzlich für die Betrachtung von Kriegen eine ökonomische Unterrichtsgestaltung.

Nicht zuletzt soll der Schüler zu einer sorgfältigen äußeren Darstellungsweise erzogen werden und vielleicht zu einem ästhetischen Gefühl für „schöne" Abbildungen in seinem Heft.
Zusammenfassend seien noch einmal wesentliche Erziehungsziele erwähnt, die die Tafelbilder bei Schülern verfolgen:

- Visuelles Erfassen von geschichtlichen Zusammenhängen, Entwicklungsprozessen und Gesetzmäßigkeiten
- Darstellen und Beschreiben von Ähnlichkeiten und Einzigartigem durch ähnliche bzw. typische grafische Zeichen und Symbole (Nachschlagewerk).
- Freude an Tafelbildern und sorgfältiger Heftführung; Freude am Erfolg, wenn eine Struktur erkannt wurde.

Abschließend zwei grundsätzliche Bemerkungen:

- Es handelt sich bei den Tafelbildern um das vorgeschlagene „Endprodukt“ von Geschichtsstunden. Die methodische Gestaltung der Stunden mit Lehrererzählung, Geschichtsbuch, Quellenblättern, Bildern, Grafiken u. a. – also der **Weg zum Endprodukt** – bleibt dem Lehrer überlassen.
- Die grafische Gestaltung und die Formulierungen dienen als Anregung und sollten den Lehrer in keiner Hinsicht einengen. Kürzen, Erweitern, Teilen und Umformulieren der Tafelbilder je nach Unterrichtssituation (oft eine Zeitfrage!), Schüler- und Lehrerinteressen, Schulart und Lehrplänen werden als Selbstverständlichkeit betrachtet.

**Besondere Hinweise zu den einzelnen Tafelbildern**

Nr. 1: Als Quellen könnten benutzt werden: Titelbild des „Leviathan“ und Texte von Bodin und Hobbes.

Nr. 4: Die territoriale Ausbreitung Russlands bis zu Peter dem Großen sollte vorher mithilfe einer Karte erarbeitet werden.

Nr. 5: Die Wappen Preußens bzw. Österreichs können zur Veranschaulichung oben rechts bzw. links eingefügt werden.

Nr. 9: Ein Schema des Dreieckshandels und ein Verfassungsmodell der USA könnten im Unterricht ausgewertet werden.

Nr. 12: Ein Verfassungsmodell sollte zusätzlich ausgewertet werden.

Nr. 14: Zur Abkürzung des Unterrichts könnte der linke Teil (Biografie) vorgegeben werden.

Nr. 15: Die Reformen in Bayern und Preußen könnten zusätzlich auf einem Arbeitsblatt erarbeitet und festgehalten werden.

Nr. 19: Die Problematik des Staatsgebietes (großdeutsch-kleindeutsch) und der Staatsform (Monarchie-Republik), die die Nationalversammlung zu lösen hatte, sollte erörtert werden.

Nr. 27: a) „Der gesetzmäßige Ablauf der Geschichte“ sollte anhand eines Überblickschemas aufgezeigt werden.
b) Bei der Praxis des Marxismus sollte der Lehrer eigene Schwerpunkte, u. U. mit aktuellen Beispielen, setzen.

Nr. 28: a) Bismarcks Leben könnte anhand einer Zeittafel oder durch Lehrererzählung dargestellt werden.
b) Bei der Gründung des Deutschen Reiches sollte mit einem Verfassungsmodell als Grundlage gearbeitet werden.

Nr. 32: Die Kolonien der einzelnen Großmächte könnten anhand einer Karte erarbeitet werden.

Nr. 34: a) Für den Ablauf der Julikrise 1914 wäre ein Arbeitsblatt erforderlich.
b) Anhand des Arbeitsblattes könnte die Kriegsschuldfrage diskutiert werden.
c) Der ausführliche Kriegsverlauf – falls erwünscht – könnte auf einem Arbeitsblatt oder mit Kartenarbeit dargestellt werden.

Nr. 47: a) Die linke Spalte „Demokratie“ sollte vorgegeben werden.
b) Eine Grafik „Der Aufbau des Führerstaates“ sollte vor den Eintragungen besprochen werden.

Nr. 53: Falls erwünscht, sollten Arbeitsblätter über den ausführlichen Kriegsverlauf und über die Merkmale des totalen Krieges eingesetzt werden. Das Kriegsende wird im nächsten Tafelbild behandelt.

Nr. 54: Bereits am 7. Mai wurde von Generaloberst Jodl eine Kapitulation unterschrieben. Aber erst die am 9. Mai von Generalfeldmarschall von Keitel unterzeichnete war ratifizierend.

Nr. 56: Der Verfassungsvergleich sollte anhand von Grafiken erfolgen. Die Verfassungsorgane der Bundesrepublik Deutschland und der DDR könnten dabei gegenübergestellt werden, damit die unterschiedlichen Bezeichnungen deutlich werden (z. B. Bundestag – Volkskammer).

Nr. 60: Angesichts der Stofffülle war es den Verfassern nicht möglich, in nötigem Maße auf Zusammenhänge (Ursachen, Folgen u. Ä.) einzugehen. Deshalb sei gerade hier noch einmal daran erinnert, dass es sich für den Lehrer anbietet, Schwerpunkte auszuwählen und in ihrer Komplexität darzulegen.

Nr. 61: Wie bei Tafelbild Nr. 60 sollte auch hier der Lehrer eine Auswahl treffen, die es ihm ermöglicht, Zusammenhänge zu verdeutlichen.

Nr. 64: Dem Thema „Europäische Einigung“, das auf mindestens zwei Stunden aufgeteilt werden müsste, wurden bewusst zwei Tafelbilder gewidmet (siehe auch Nr. 78). Der Beginn des Binnenmarktes ist eine geeignete Zäsur.

Nr. 73: Diese Zusammenstellung versteht sich als Wiederholung des Stoffes und könnte als Grundlage für eventuelle mündliche Prüfungen dienen.

Nr. 77: Die Chronik der Terroranschläge könnte bereits vorgegeben bzw. aktualisiert werden.

Nr. 78: Selbstverständlich können die abgebildeten Flaggen nicht auf das Tafelbild übertragen werden. Die Abbildungen sollten als Vorlage für Kopien dienen.

# Die Herrschaft im Absolutismus

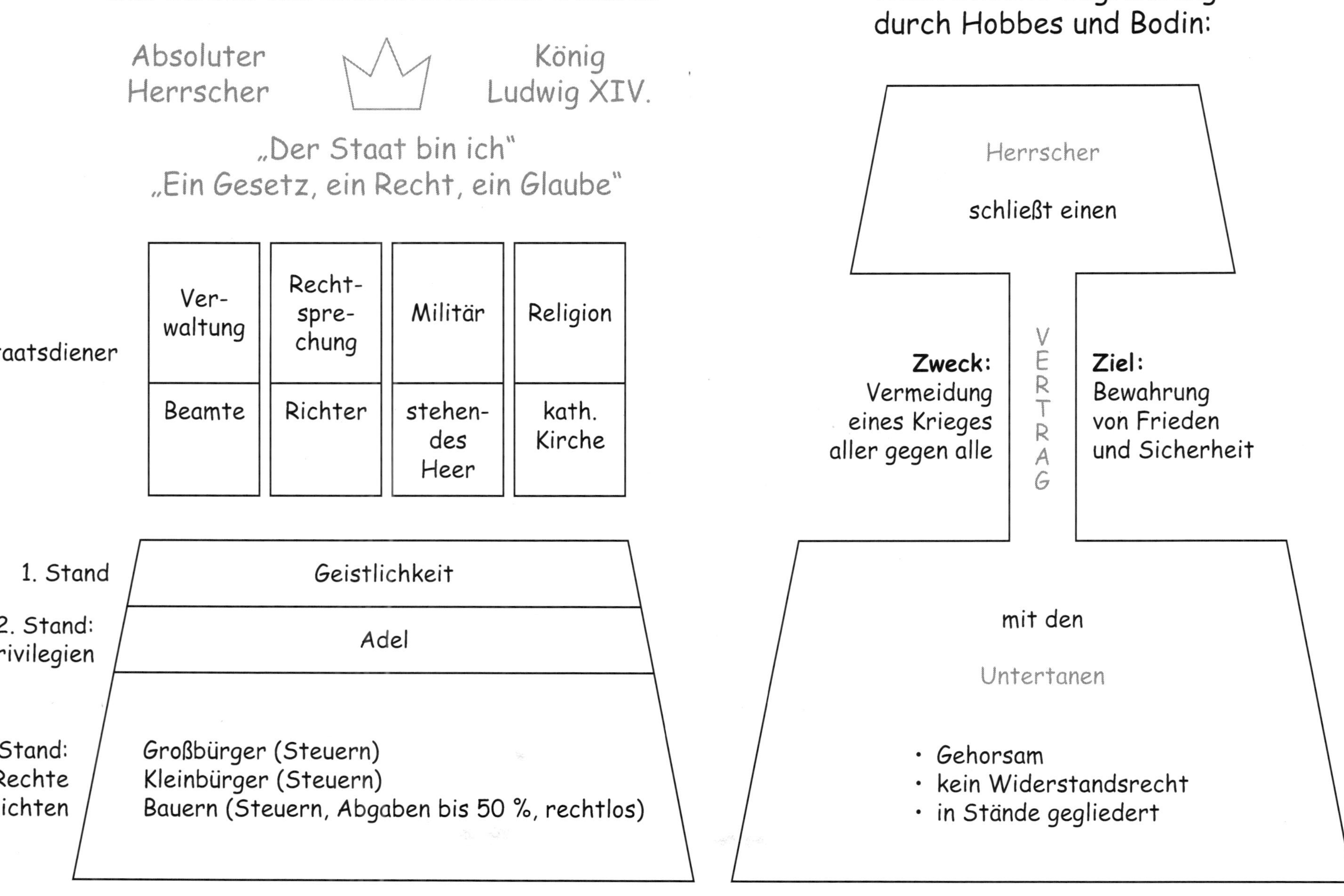

# Merkantilismus – das Wirtschaftssystem des Absolutismus

Wie werden die Staatsausgaben finanziert?

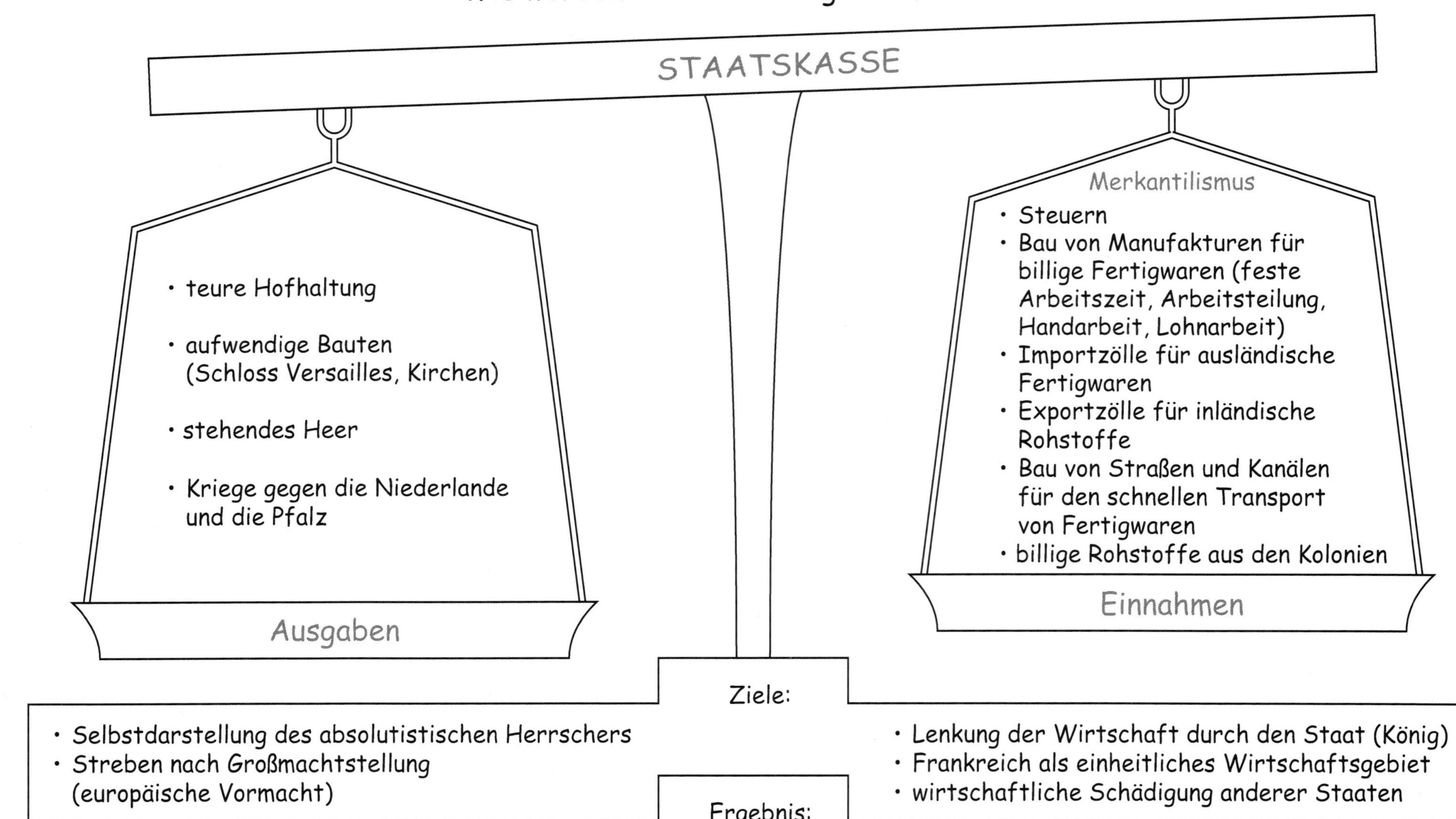


**Ziele:**

- Selbstdarstellung des absolutistischen Herrschers
- Streben nach Großmachtstellung (europäische Vormacht)
- Lenkung der Wirtschaft durch den Staat (König)
- Frankreich als einheitliches Wirtschaftsgebiet
- wirtschaftliche Schädigung anderer Staaten

**Ergebnis:**

- Staatsverschuldung wegen des verschwenderischen Umgangs des Königs mit der Staatskasse
- Unzufriedenheit im Volk wegen der immer größeren Belastungen

# Barock

| Schloss | | Kirche | |
|---|---|---|---|
| Aussehen | Bedeutung | Bedeutung | Aussehen |
| strahlenförmige Anlage | Herrscher überwacht alles | Fülle von bildhaften Eindrücken: Bewegung, Licht, Farben | aufgelockerte Architektur: Säulen, Seitenaltäre Nischen, Fenster reichhaltige Stuckarbeiten und Plastiken |
| weite Entfernung zwischen Schloss und Stadt | Distanz: Herrscher-Untertan | | |
| Vorderseite: der Stadt zugewandt<br>Rückseite: dem Park zugewandt | Trennung zwischen Herrscherpflicht (Amt) und Privatleben (Amüsement) | Verbindung von Himmel und Erde für den Gläubigen | Hauptaltar: • Dreifaltigkeit • Heilige • Adlige |
| Treppenhaus: großzügig und weiträumig | würdevolle Annäherung an den Herrscher | | Kuppel und Decke: Fresken |
| Festsaal: Spiegel, Gemälde | Verherrlichung des Fürsten | Ort für das Wort Gottes | Kanzel |
| Seitenflügel des Schlosses: Wohnräume der Hofgesellschaft | Spiegelbild der Standesordnung | | |
| Parkanlage: streng geometrische Formen | Natur ist dem Herrscher untertan. | klangliche Verstärkung des religiösen Gefühls | Orgel: Musik |
| Schloss als Machtzentrum | Der Herrscher fordert Unterwerfung. | Der Gläubige begegnet Gott mit all seinen Sinnen. | Kirche als Gesamtkunstwerk |

# Russlands Aufstieg zur europäischen Großmacht

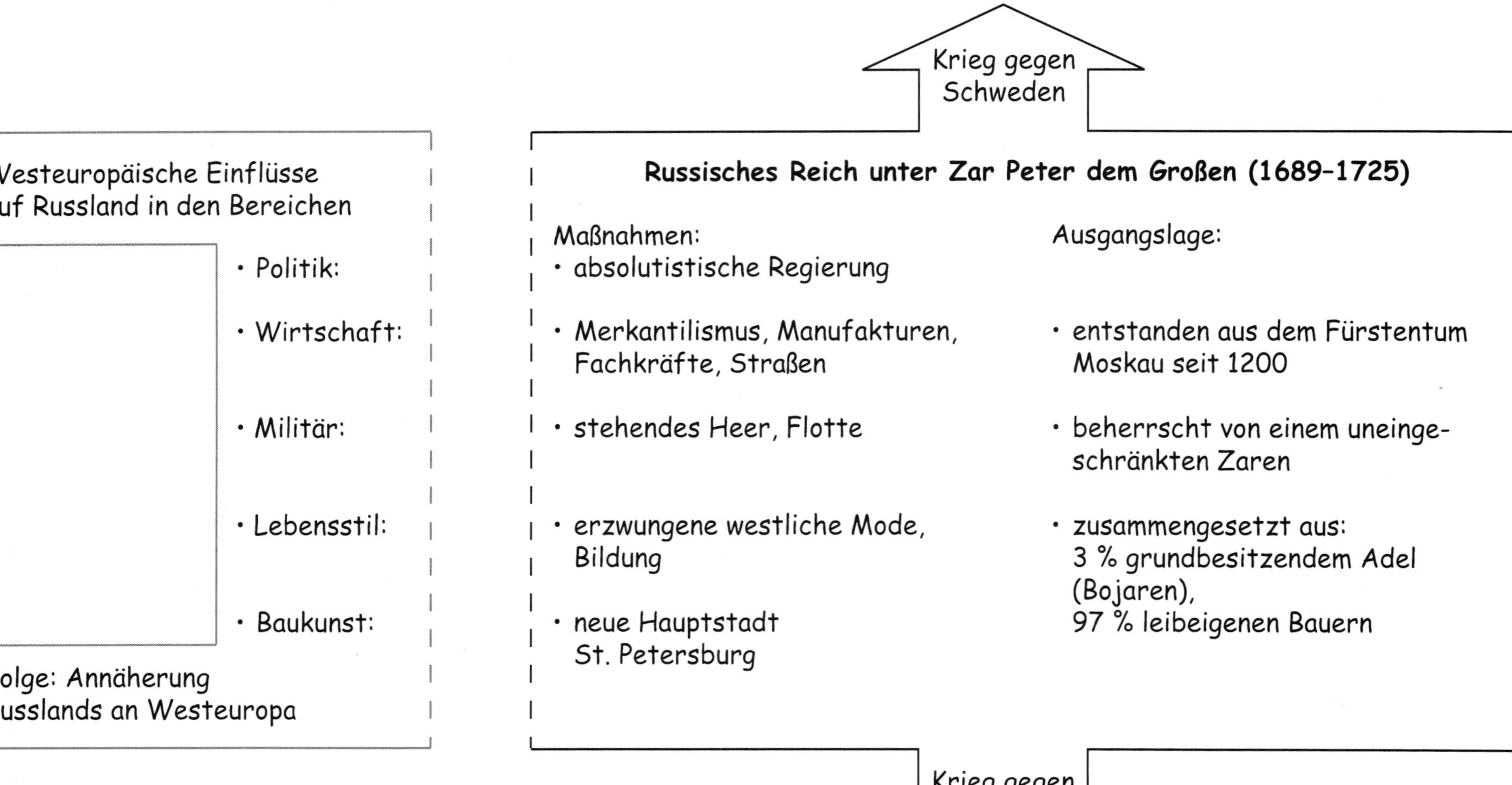

# Der Dualismus zwischen Preußen und Österreich

AUFSTIEG PREUSSENS → DUALISMUS (Rivalität zweier Großmächte) ← AUFSTIEG ÖSTERREICH - UNGARNS

**1648**

Hohenzollern

- regieren 3 getrennte Landesteile: Brandenburg - Preußen - Niederrhein
- Ziel, ein einheitliches Staatsgebiet zu schaffen
- Mittel: Absolutismus
  - stehendes Heer
  - Beamte
  - Merkantilismus

**1701**

Königreich

Aufwertung nach außen

König Friedrich Wilhelm I.
– „Soldatenkönig" –
(1713–1740)

- Ausbau Preußens zum Militär- und Beamtenstaat
- „Preußische Tugenden": Sparsamkeit, Fleiß, Pünktlichkeit, Gehorsam u. a.

**1740**

König Friedrich II. der Große
– „der alte Fritz" –
(1740–1786)

- aggressive Außenpolitik beruhend auf soliden Finanzen und großem Heer
- Ergebnis: Gewinn Schlesiens

---

- Einfall in Sachsen
- Ausscheiden Russlands verhindert drohende militärische Niederlage.
- Ergebnis: keine territorialen Veränderungen

Schlesische Kriege (1740–45) →

Siebenjähriger Krieg (1756–63) →

**1740**

Kaiserin Maria Theresia
(1740–1780)

- verteidigt weibliche Erbfolge gegen europäische Mächte.
- Ergebnis: Verlust Schlesiens, jedoch Thronsicherung

---

- europäische Koalition Ö/U-F-R
- Ausscheiden Russlands verhindert Sieg.
- Ergebnis: keine territorialen Veränderungen

**1683**

Belagerung Wiens durch die Türken

- Abwehr der Türken
- Gegenangriff unter Prinz Eugen
- Eroberungen: Ungarn (Königreich) Banat Siebenbürgen Teile Serbiens (Belgrad)

Österreich - Ungarn (k.-und-k.-Monarchie):

- Donaumonarchie
- Großmacht auf dem Balkan

**1648**

Habsburger

- Machtverlust des deutschen Kaisers gegenüber den Fürsten
- Hausmacht: Österreich Böhmen Mähren Schlesien
- Bedrohung durch die Türken

- Um 1800 existieren auf deutschem Gebiet zwei neue Großmächte neben vielen Mittel- u. Kleinstaaten.
- Die Rivalität zwischen Preußen und Österreich bleibt bis weit ins 19. Jahrhundert bestehen.

# Die Entstehung der parlamentarischen Monarchie in England

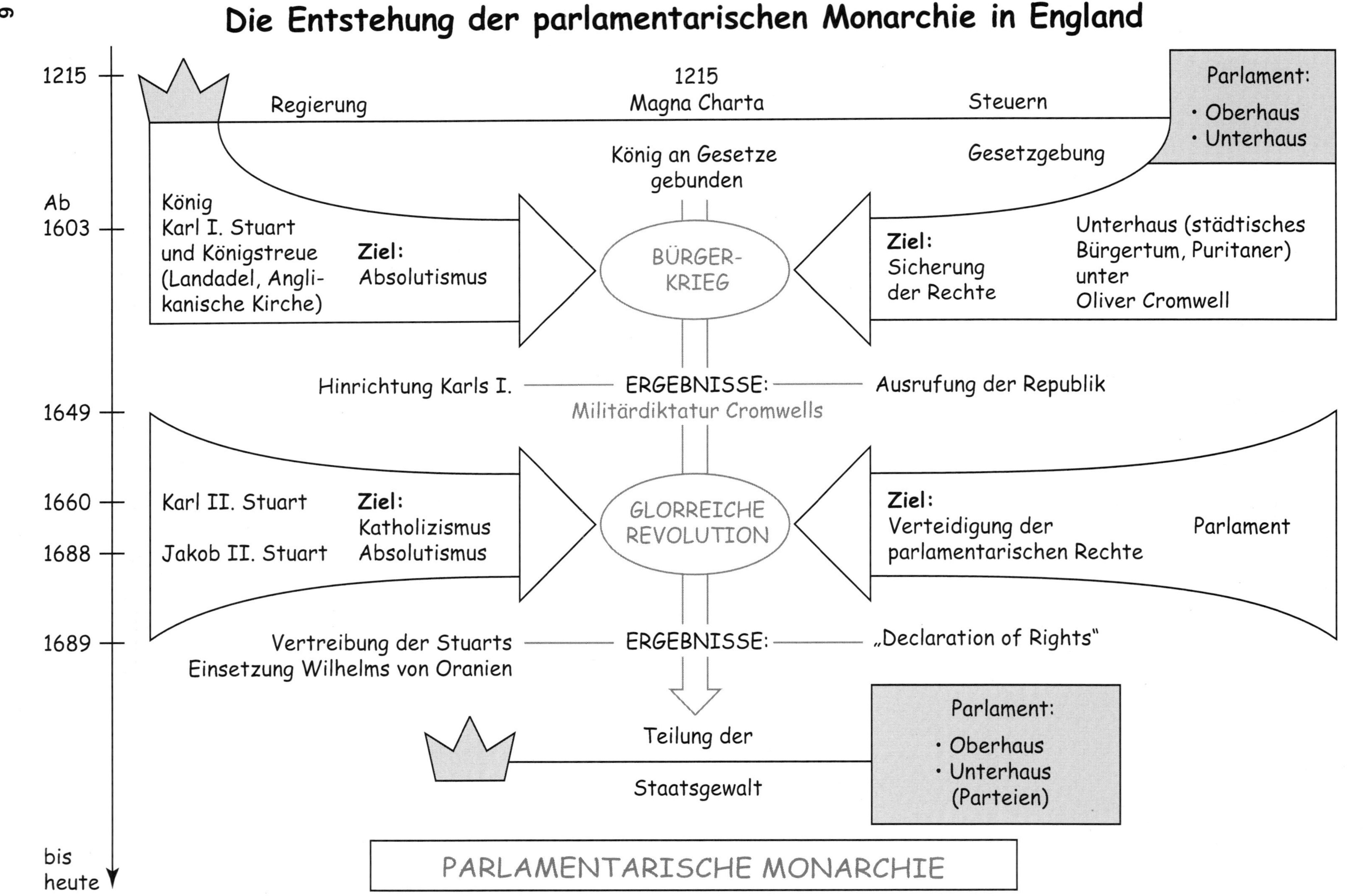

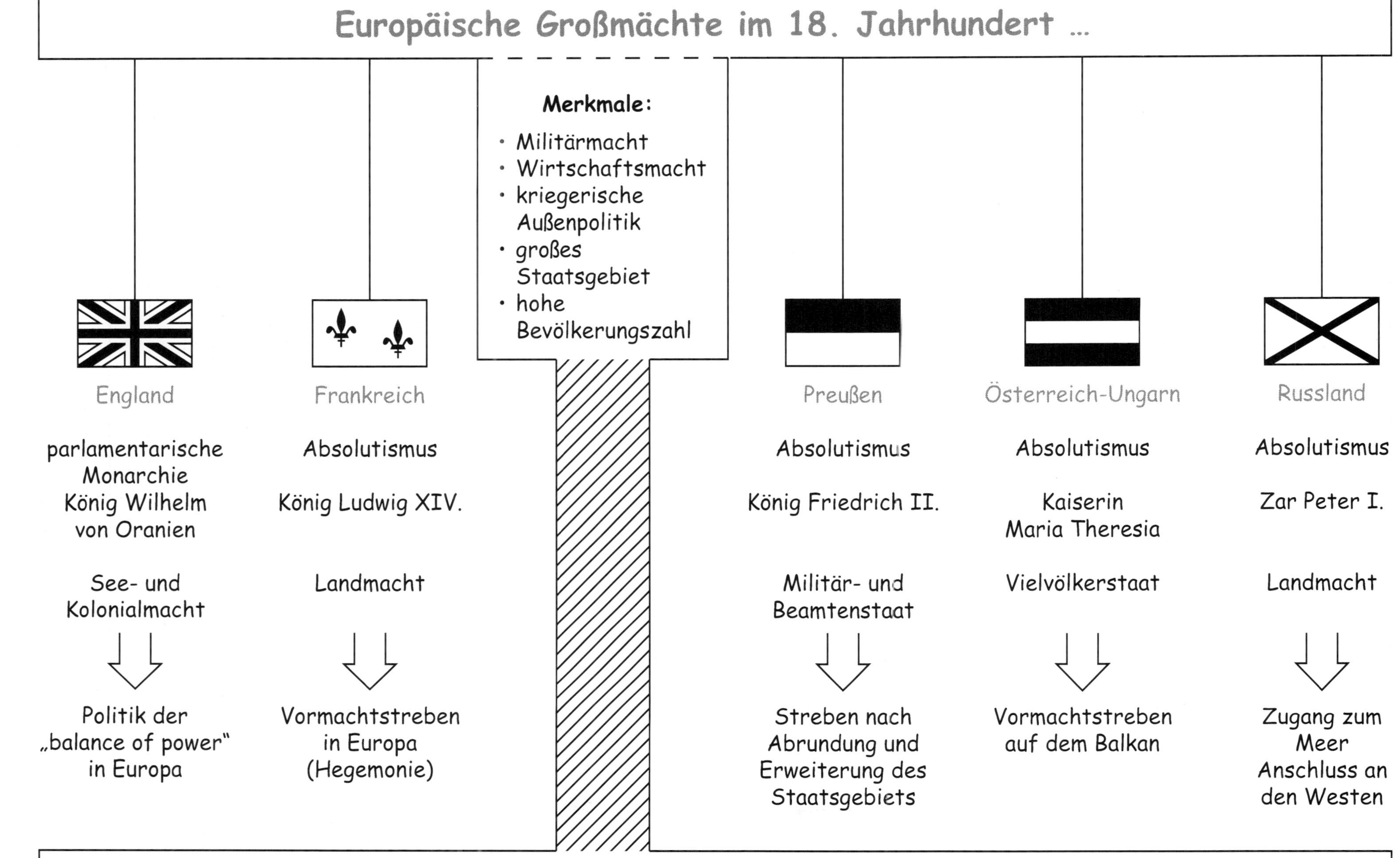
Europäische Großmächte im 18. Jahrhundert ...
Merkmale:
· Militärmacht
· Wirtschaftsmacht
· kriegerische Außenpolitik
· großes Staatsgebiet
· hohe Bevölkerungszahl
England
parlamentarische Monarchie
König Wilhelm von Oranien
See- und Kolonialmacht
Politik der „balance of power“ in Europa
Frankreich
Absolutismus
König Ludwig XIV.
Landmacht
Vormachtstreben in Europa (Hegemonie)
Preußen
Absolutismus
König Friedrich II.
Militär- und Beamtenstaat
Streben nach Abrundung und Erweiterung des Staatsgebiets
Österreich-Ungarn
Absolutismus
Kaiserin Maria Theresia
Vielvölkerstaat
Vormachtstreben auf dem Balkan
Russland
Absolutismus
Zar Peter I.
Landmacht
Zugang zum Meer
Anschluss an den Westen
... bestimmen über Krieg und Frieden im 19. Jahrhundert.

# Das Zeitalter der Aufklärung

Kant: „Was ist Aufklärung?"

| | Die alte Ordnung | Die Ideen der Aufklärung | Anwendung der neuen Erkenntnisse |
|---|---|---|---|
| Natur-wissenschaft | • bloße Vermutungen<br>• Überlieferung | • empirische Methode (Newton): Beobachtung - Verallgemeinerung - Experiment - Erkenntnis<br>einzige Grundlage: Vernunft (= ratio)<br>Schlussfolgerung: Ausdehnung auf alle Lebensbereiche | Newton: *Gesetz der Schwerkraft*<br>Kepler: *Gesetz der Planetenbewegung*<br>J. Watt: Dampfmaschine<br>zahlreiche weitere Erfindungen führen zum technischen Fortschritt: Erweiterung des Wissens und der Bildung |
| Gesellschaft | • Ständegesellschaft<br>Das Bürgertum als Träger der neuen Ideen (Philosophen) | • Gleichheit der Menschen<br>• Freiheit der Menschen (John Locke) | Menschenrechte in den Verfassungen der USA und Frankreichs |
| Religion | • Gott und die Bibel als alleinige Grundlage | • Schaffung der Welt durch Gott nach vernünftigen Gesetzen<br>• keine Bindung an eine bestimmte Religion | religiöse Toleranz |
| Politik | • Gottesgnadentum<br>• Absolutheitsanspruch des Herrschers | • Kontrolle des Herrschers durch die Bürger (Montesquieu, Rousseau) | Gewaltenteilung in Legislative, Exekutive, Judikative:<br>Demokratie mit Wahlrecht |
| Wirtschaft | • staatlich gelenkte Wirtschaft | • wirtschaftliche Freiheit des Einzelnen führt zum Wohlstand aller Bürger des Staates (Adam Smith). | Wirtschaftsliberalismus |

Die alte Ordnung zerbricht.

Die Ideen der Aufklärung sind bis heute lebendig.

# Die Entstehung der Vereinigten Staaten von Amerika

13 Neuengland-
staaten
(Kolonien)

Besiedlung Amerikas im 17. Jahrhundert ←

Gründe:
- religiöse Unterdrückung
- politische Unfreiheit
- wirtschaftliche Not

Dreieckshandel Europa – Afrika – Kolonien:
- Fertigprodukte
- Sklaven
- Rohstoffe

Großbritannien
(Mutterland)

- Selbstverwaltung
- kein Mitspracherecht im englischen Parlament
- wirtschaftliche Abhängigkeit von England

↓

gestiegenes Selbstbewusstsein
Forderung: „No taxation without representation"
Drohung mit Warenboykott
1773: Boston Teaparty

Siebenjähriger Krieg (1756–63)
- militärische Erfolge
- starke finanzielle Belastung

↓

Erhebung neuer Steuern und Zölle von den Kolonien

Landung von Truppen in Neuengland

Beginnende
Auseinandersetzung
↓
Unabhängigkeitskrieg
(1775–1783)

Ziel: Unabhängigkeit
1776: Unabhängigkeitserklärung

Ergebnis: endgültige Unabhängigkeit

militärische
Anfangserfolge

Volksheer
(G. Washington)
militärische Hilfe
Frankreichs

Ziel: Bewahrung des Kolonialbesitzes

Ergebnis: Verlust der amerikanischen Kolonien
Großbritannien bleibt führende Kolonialmacht.

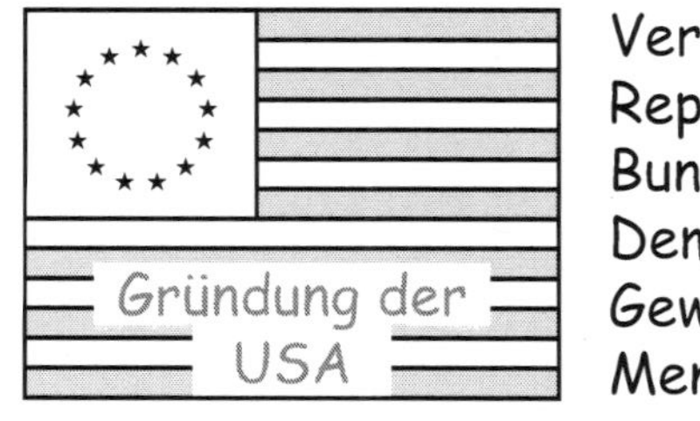


Verfassung:
Republik
Bundesstaat
Demokratie
Gewaltenteilung
Menschenrechte

Die erste demokratische Verfassung
verwirklicht Ideen der Aufklärung
und beeinflusst
die politische Entwicklung Europas.

# Die USA im Kampf um die nationale Einheit

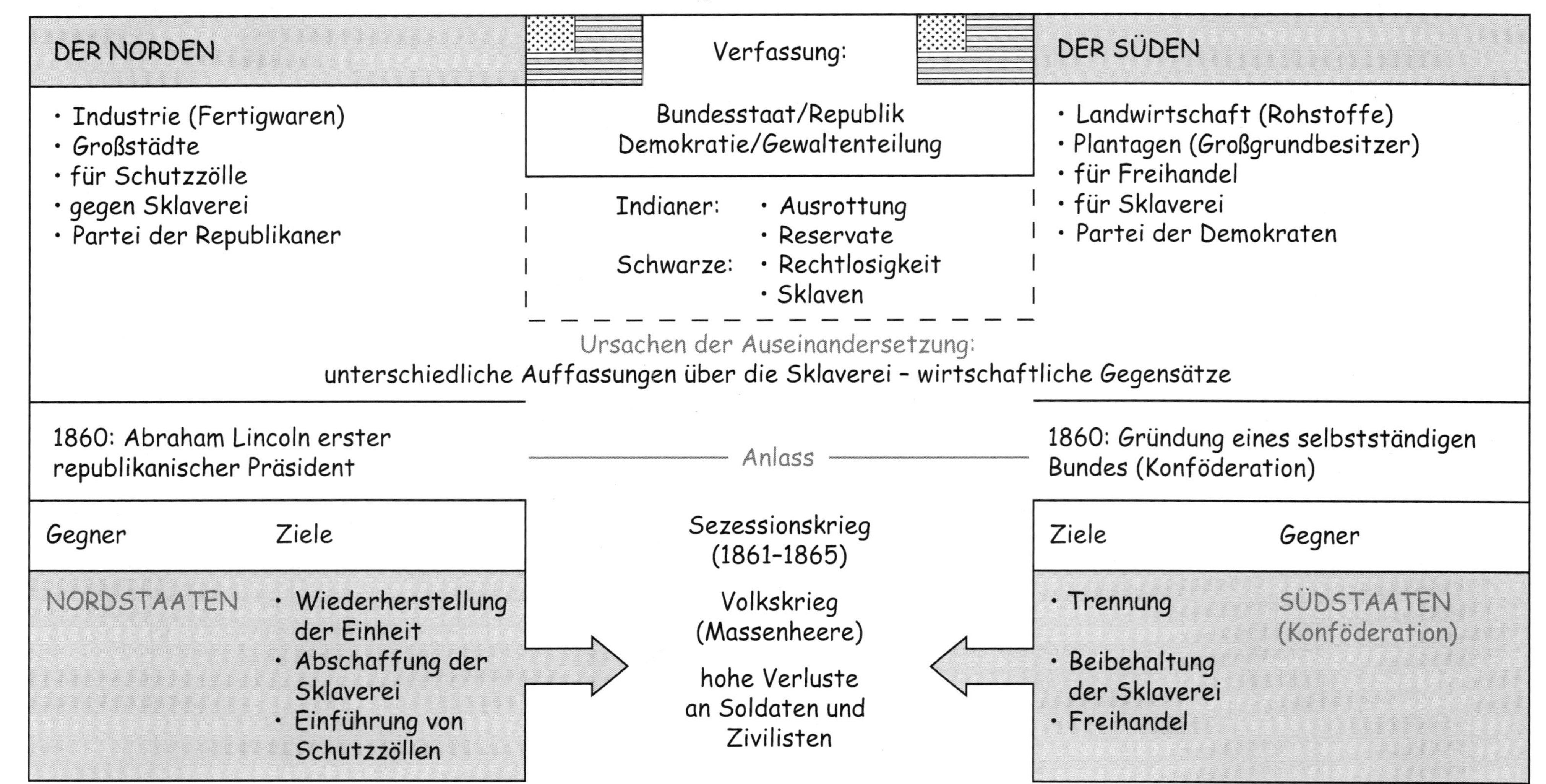

# Ursachen der Französischen Revolution

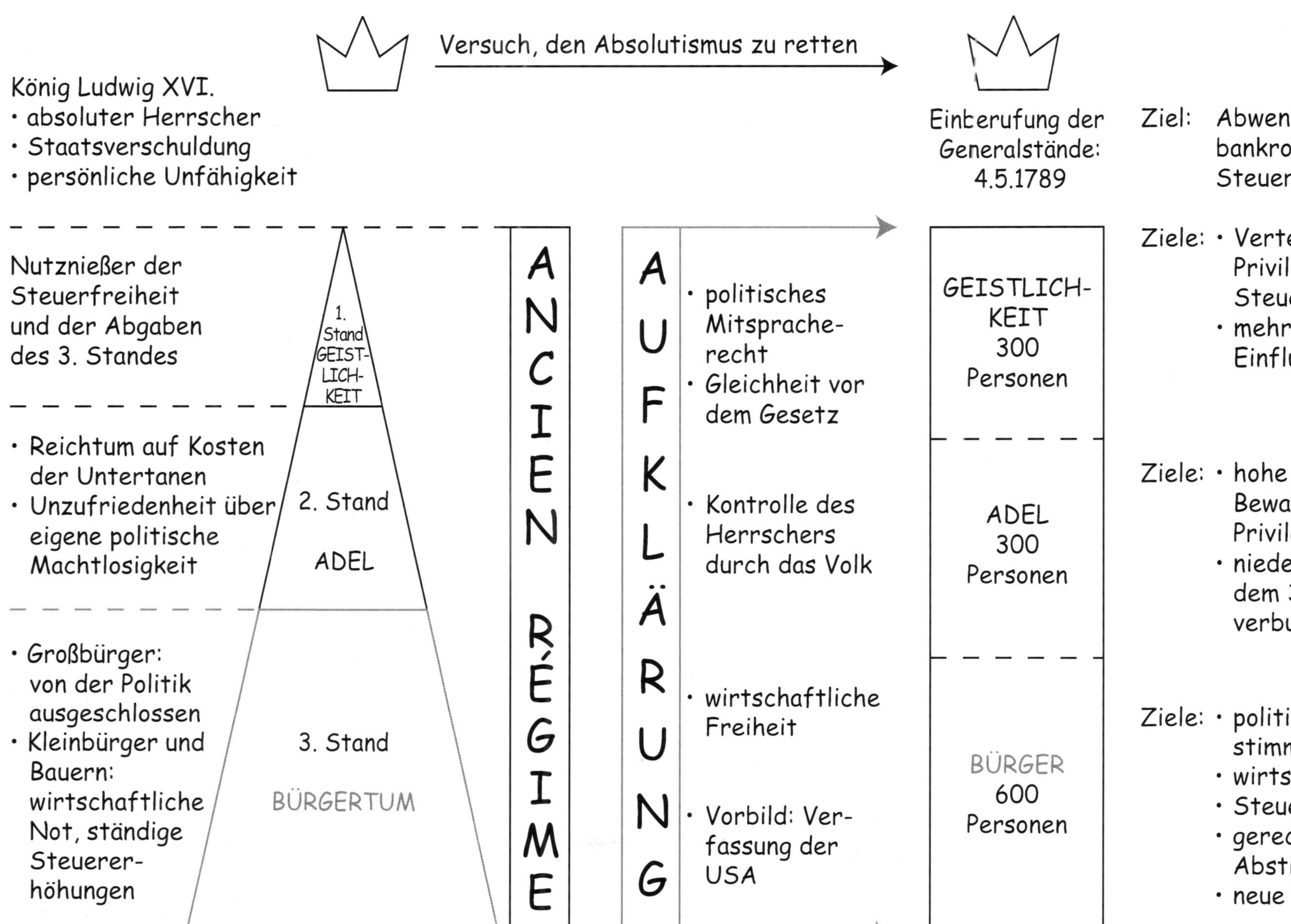

# Ausbruch und Verlauf der Französischen Revolution bis 1793

**Dritter Stand** | **Erster und zweiter Stand**

## Volk

1789 Unruhen und Gerüchte:
- Sturm auf die Bastille (14. Juli 1789)
- Aufruhr auf dem Lande

## Nationalversammlung

- Ballhausschwur

1789
1790
1791
- Beseitigung der Adelsprivilegien
- Verkündung der Menschen- und Bürgerrechte
- Verfassung:
  - konstitutionelle Monarchie
  - Gewaltenteilung
  - Zensuswahlrecht

## Adel, hohe Geistliche / König

Truppen sollen Nationalversammlung einschüchtern.

Adel flüchtet ins Ausland.

König akzeptiert Verfassung.

Unterstützung durch das absolutistische Ausland

Fluchtversuch

## Wahl der gesetzgebenden Nationalversammlung

| Jakobiner, Girondisten Republikaner | Unabhängige | Royalisten |
|---|---|---|

## Volk

1792 Sturm auf das Königsschloss

Kriegsbegeisterung

## Nationalversammlung

- Kriegserklärung an Österreich und Preußen
- Revolutionskriege
- Verhaftung des Königs
- Septembermorde gegen Unabhängige und Royalisten

1793
- Prozess gegen den König
- Hinrichtung König Ludwigs XVI.

Entstehung eines Nationalbewusstseins

**Frankreich wird Republik.**

# Die Diktatur der Jakobiner 1793/94

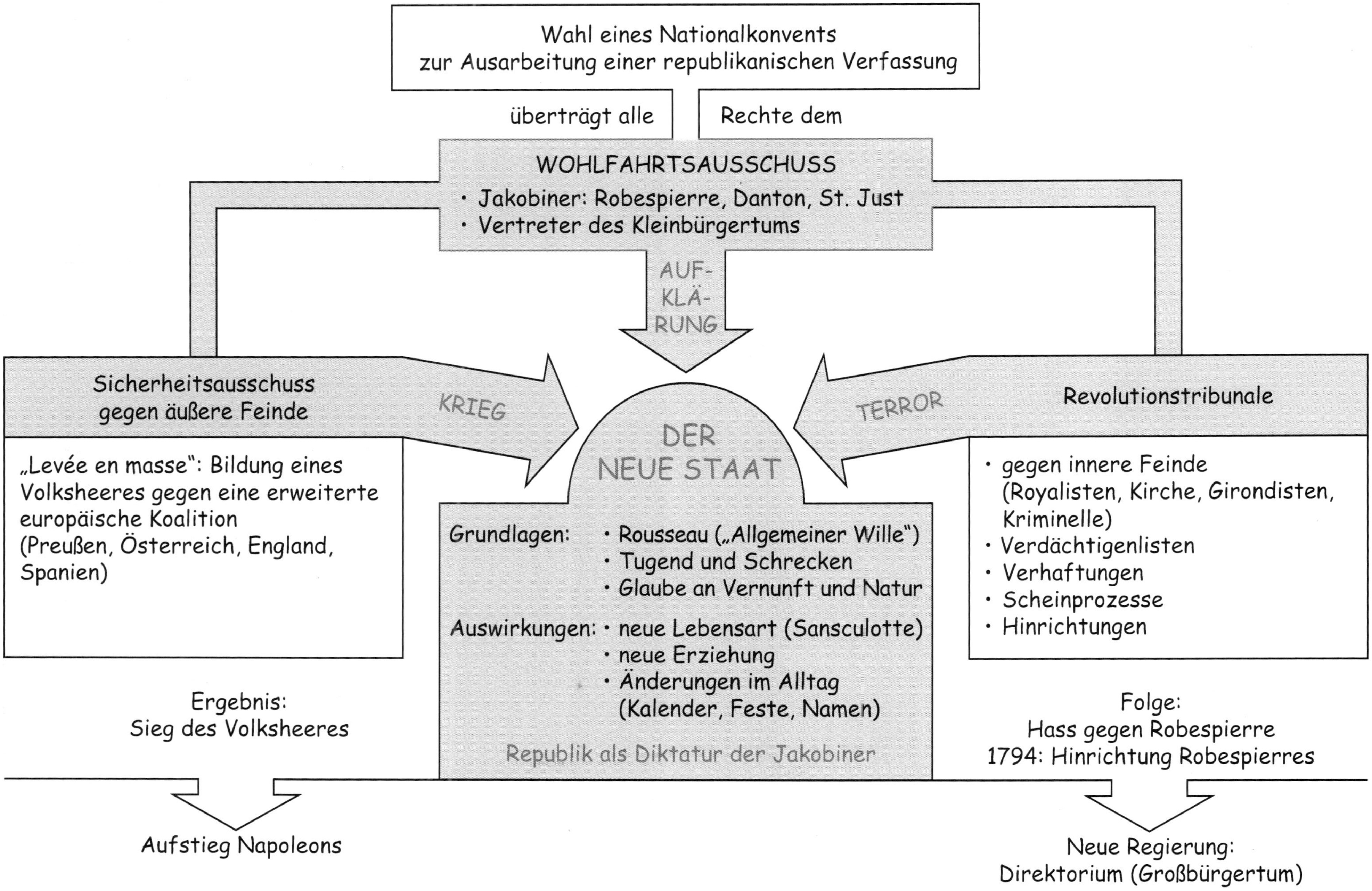

Wahl eines Nationalkonvents
zur Ausarbeitung einer republikanischen Verfassung

überträgt alle Rechte dem

WOHLFAHRTSAUSSCHUSS
- Jakobiner: Robespierre, Danton, St. Just
- Vertreter des Kleinbürgertums

AUF-KLÄ-RUNG

Sicherheitsausschuss
gegen äußere Feinde

KRIEG

„Levée en masse": Bildung eines Volksheeres gegen eine erweiterte europäische Koalition
(Preußen, Österreich, England, Spanien)

DER NEUE STAAT

Grundlagen:
- Rousseau („Allgemeiner Wille")
- Tugend und Schrecken
- Glaube an Vernunft und Natur

Auswirkungen:
- neue Lebensart (Sansculotte)
- neue Erziehung
- Änderungen im Alltag (Kalender, Feste, Namen)

Republik als Diktatur der Jakobiner

TERROR

Revolutionstribunale
- gegen innere Feinde (Royalisten, Kirche, Girondisten, Kriminelle)
- Verdächtigenlisten
- Verhaftungen
- Scheinprozesse
- Hinrichtungen

Ergebnis:
Sieg des Volksheeres

Aufstieg Napoleons

Folge:
Hass gegen Robespierre
1794: Hinrichtung Robespierres

Neue Regierung:
Direktorium (Großbürgertum)

# Napoleons Aufstieg (bis 1804)

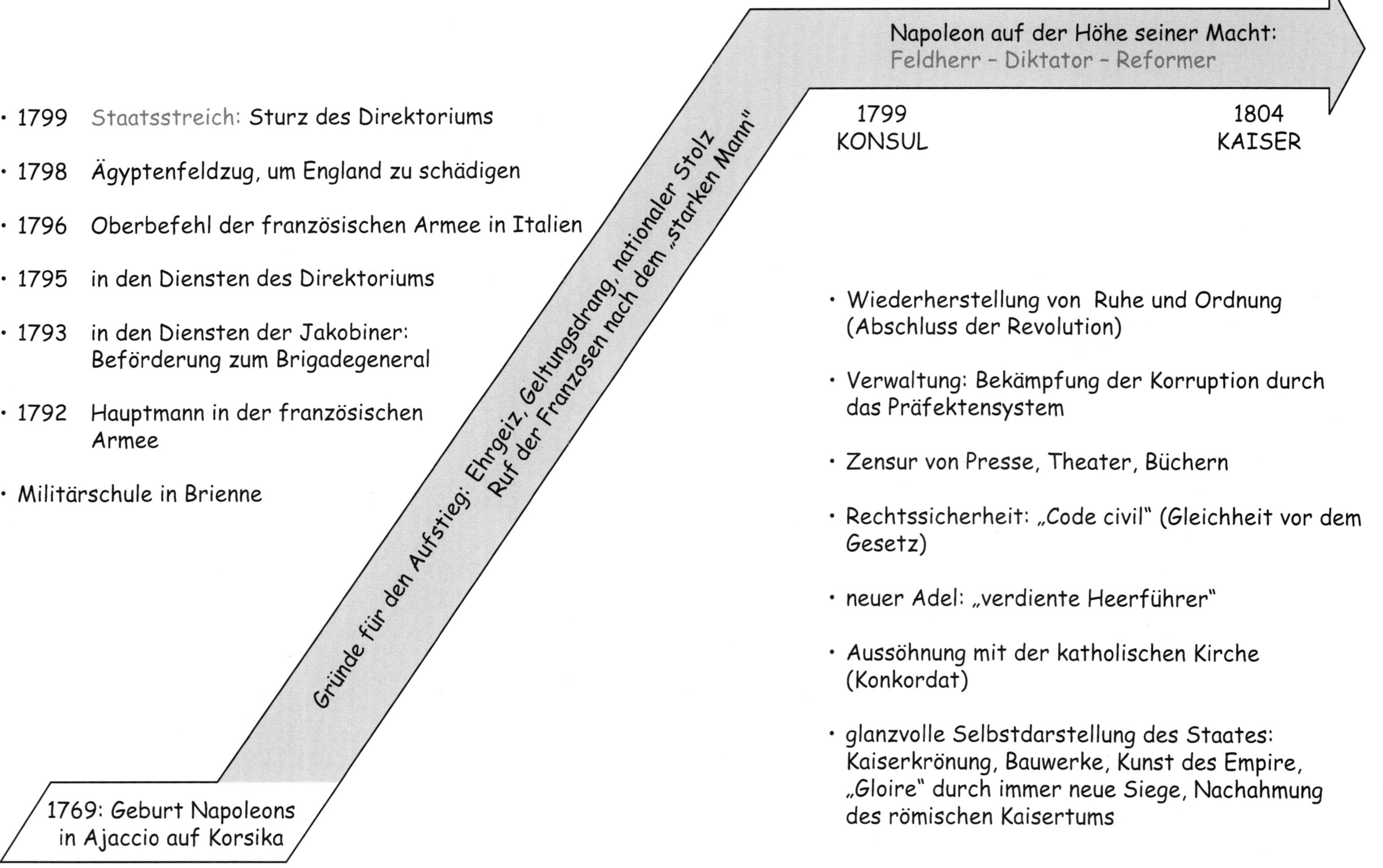

# Napoleons Herrschaft über Europa (1804–1812)

Napoleon auf der Höhe seiner Macht

## England

Ziel Napoleons: militärische und wirtschaftliche Unterwerfung

Maßnahmen:
- Invasionsplan
- Kontinentalsperre
- Seeschlacht bei Trafalgar

→ England bleibt unbesiegt.

## Deutsche Kleinstaaten

Ziel Napoleons: abhängige Bündnispartner

Maßnahmen:
- Enteignung der Kirchengüter (Säkularisation)
- Verlust der Selbstständigkeit vieler Grafen, Ritter und Reichsstädte (Mediatisierung)
- Einführung des „Code civil"
- Gründung des Rheinbundes

→ 1806 Ende des Heiligen Römischen Reiches Deutscher Nation

## Bayern

1800 Bayern wird Bündnispartner Napoleons.

Maßnahmen:
- Gebietserweiterung (Schwaben, Franken)
- Reformen unter Graf Montgelas

→ Bayern wird moderner Staat.

## Österreich – Ungarn

1805 Sieg Napoleons in der Dreikaiserschlacht bei Austerlitz

Maßnahmen:
- Gebietsverluste Österreichs
- Heirat mit Erzherzogin Marie-Luise

→ Widerstand Österreichs wird zunächst gebrochen.

## Spanien

Ziel Napoleons: militärische Unterwerfung und Einsetzung seines Bruders als König

Maßnahme:
Kampf gegen spanischen Volksaufstand (Guerilla)

→ Widerstand der spanischen Guerilla wird nicht gebrochen.

## Preußen

1806 Sieg Napoleons bei Jena und Auerstedt

Maßnahme:
territoriale Verkleinerung Preußens

→ Zusammenbruch und innerer Neuanfang: Reformen in Preußen

## Russland

1805 Sieg Napoleons bei Austerlitz

Weigerung Russlands, die Kontinentalsperre zu unterstützen

Maßnahme:
1812 Russlandfeldzug Napoleons

# Das Ende der napoleonischen Herrschaft

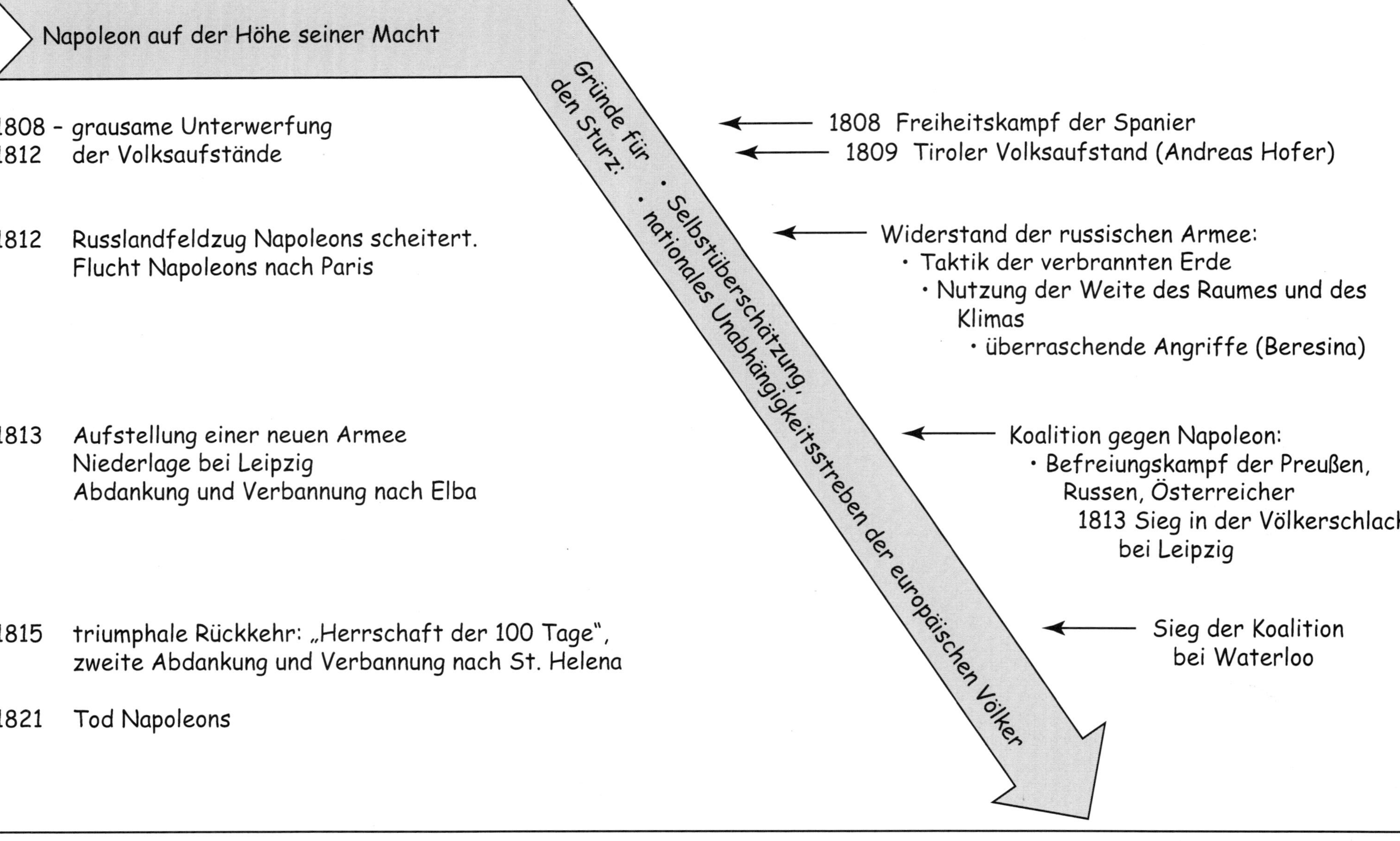

# Der Wiener Kongress 1815

| Beteiligte | Ergebnisse: territorial | Ergebnisse: politisch |
|---|---|---|
| Frankreich (Talleyrand) | keine Verluste, keine Gewinne gegenüber den Grenzen von 1789 | Beibehaltung der Großmachtstellung |
| England (Castlereagh) | Gewinne: Helgoland, Malta, Kapkolonie, Ceylon | Ausbau der Stellung als Seemacht |
| Russland (Zar Alexander I.) | Gewinne: Finnland und Teile Polens | stärkste Landmacht |
| Österreich (Metternich) | • Gewinne: Venetien und Lombardei<br>• Verzicht auf Gebiete in Belgien und am Rhein | • Verschiebung nach Südosten (Donaumonarchie)<br>• Vorsitz im Deutschen Bund |
| Preußen (v. Hardenberg) | Gewinne: Teile des Rheinlandes, Sachsens und Polens | • stärkste Macht im Deutschen Bund<br>• „Wacht am Rhein" |
| deutsche Fürsten | | • Gründung des Deutschen Bundes (39 Staaten)<br>• Bundestag in Frankfurt |

**langfristige Folgen**

- Der Wiener Kongress stellt das europäische Gleichgewicht wieder her und sichert damit den Frieden für eine lange Zeit.
- Die Völker Deutschlands, Polens und Italiens sind enttäuscht, weil ihre nationalen und liberalen Hoffnungen nicht erfüllt wurden.
- Die „Heilige Allianz" entsteht, um die Prinzipien der Neuordnung notfalls militärisch durchzusetzen.

## Prinzipien der Neuordnung Europas:

- Restauration: Wiederherstellung der alten politischen Zustände und Rückkehr der Herrscherhäuser
- Legitimität: Rechtmäßigkeit der Herrscher von Gottes Gnaden
- Solidarität: gegenseitige Hilfe zur Aufrechterhaltung der alten Ordnung und zur Sicherung des Friedens

# Deutschland 1815–1848: Restauration und Freiheitsbestrebungen

„Heilige Allianz"
Deutsche Fürsten

1815
„Was ist des Deutschen Vaterland?"

„Junges Deutschland"
Studenten, Professoren

Ziel:
Restauration, d. h. Wiederherstellung der Zustände vor der Französischen Revolution
- alte Herrscherhäuser
- besondere Rechte des Adels

- Deutscher Bund mit 39 Einzelstaaten
- Zeit des Biedermeier: Rückzug vieler Deutscher ins Privatleben

Ziel:
Ideen der Französischen Revolution verwirklichen
- Freiheit (Liberalismus)
- Einheit der Nation in wirtschaftlicher und politischer Hinsicht (Nationalismus)

Maßnahmen gegen liberale und nationale Bestrebungen – die Karlsbader Beschlüsse 1819:
- Pressezensur
- Verbot der Burschenschaften
- Verhaftungen
- Einsatz von Spitzeln

Reaktion

„Einigkeit und Recht und Freiheit"

Versuche der Verwirklichung:
- Gründung von Burschenschaften ab 1815 (Flagge: schwarz – rot - gold)
- Wartburgfest 1817
- Hambacher Fest 1832
- Hoffmann von Fallersleben: „Lied der Deutschen" (1841)

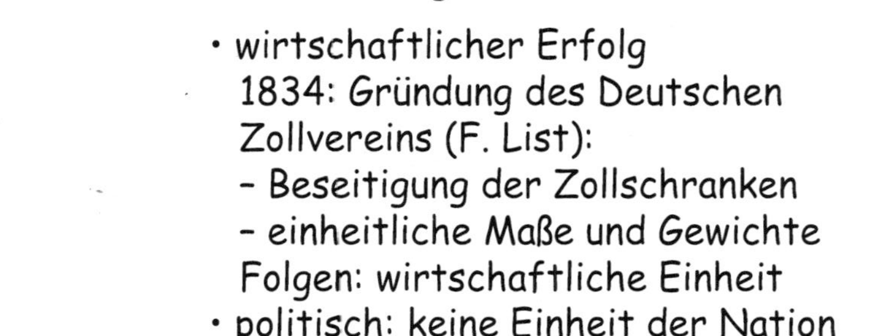

Ergebnisse:
- wirtschaftlicher Erfolg
  1834: Gründung des Deutschen Zollvereins (F. List):
  - Beseitigung der Zollschranken
  - einheitliche Maße und Gewichte
  Folgen: wirtschaftliche Einheit
- politisch: keine Einheit der Nation

Beharren auf der alten Ordnung

Konflikt:
1848
Revolution

Enttäuschung über unerfüllte Forderungen

# Das Revolutionsjahr 1848/49

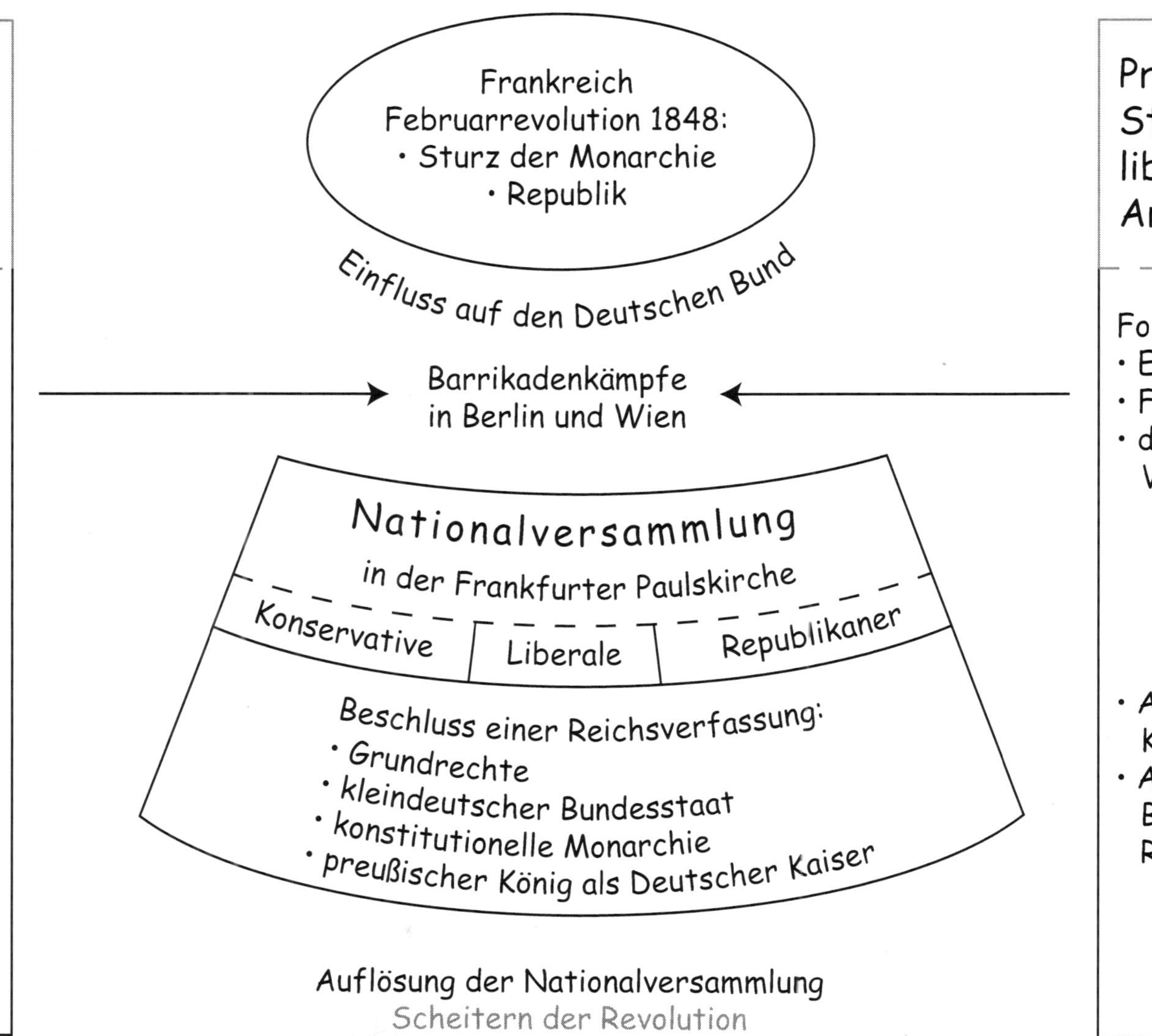

# Nationale Bewegungen in Europa im 19. Jahrhundert

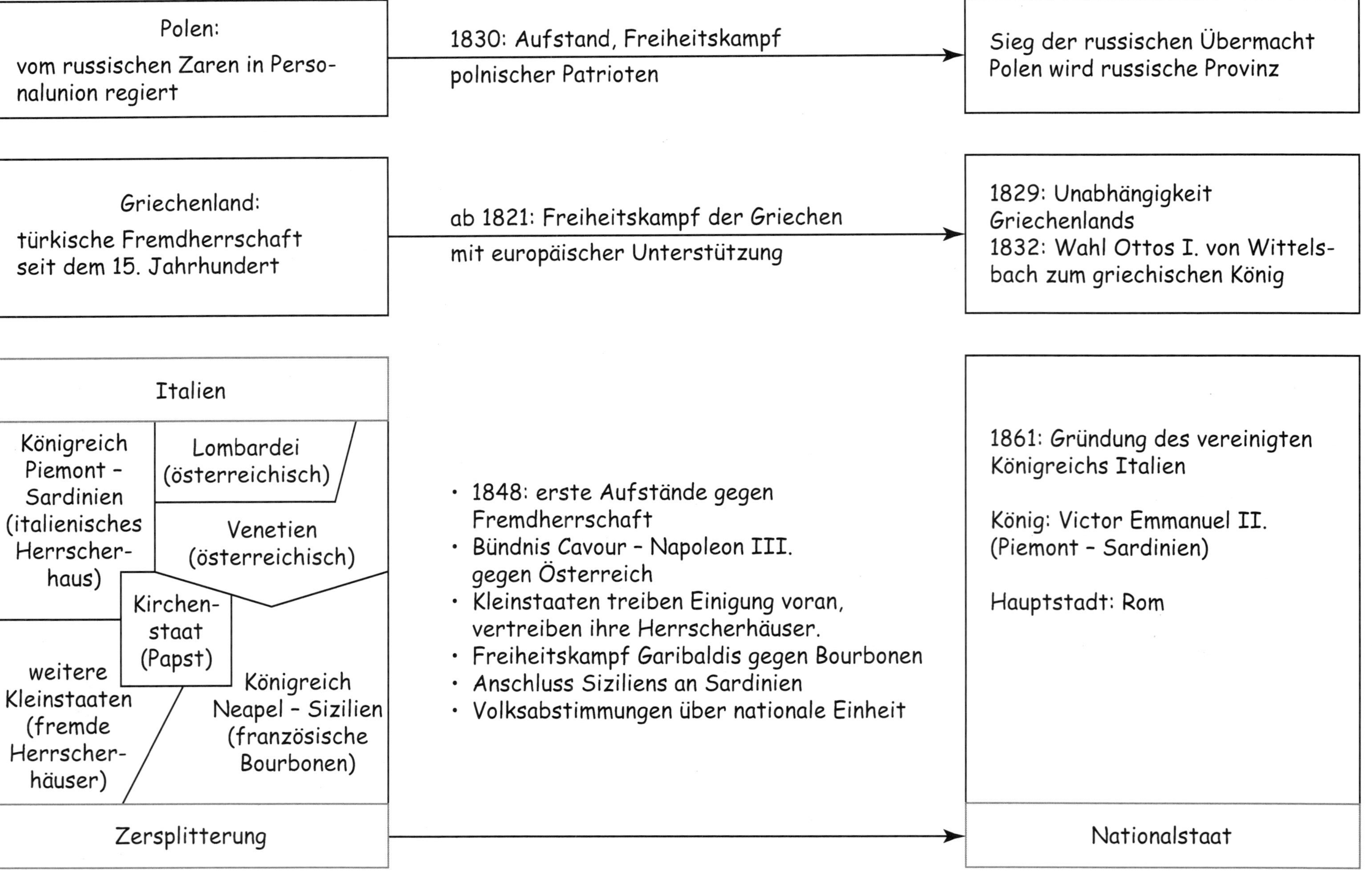

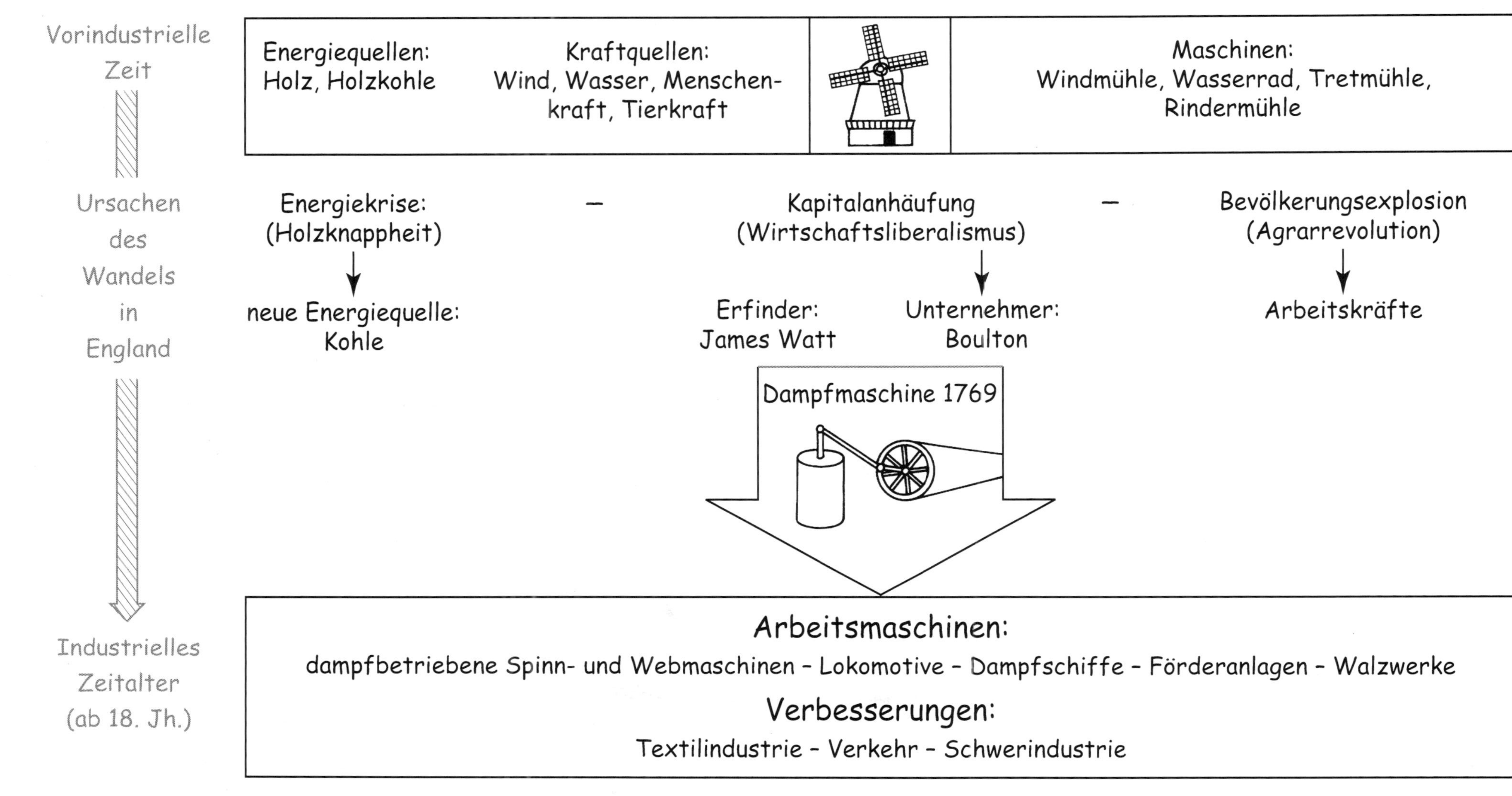
Die Industrielle Revolution
1. Der technische Wandel
Vorindustrielle Zeit
Energiequellen: Holz, Holzkohle
Kraftquellen: Wind, Wasser, Menschenkraft, Tierkraft
Maschinen: Windmühle, Wasserrad, Tretmühle, Rindermühle
Ursachen des Wandels in England
Energiekrise: (Holzknappheit)
neue Energiequelle: Kohle
–
Kapitalanhäufung (Wirtschaftsliberalismus)
Erfinder: James Watt
Unternehmer: Boulton
–
Bevölkerungsexplosion (Agrarrevolution)
Arbeitskräfte
Dampfmaschine 1769
Industrielles Zeitalter (ab 18. Jh.)
Arbeitsmaschinen:
dampfbetriebene Spinn- und Webmaschinen - Lokomotive - Dampfschiffe - Förderanlagen - Walzwerke
Verbesserungen:
Textilindustrie - Verkehr - Schwerindustrie
Gewandelte Technik:
· Maschinen nicht standort- und klimagebunden
· Steigerung von Tempo, Leistungskraft und Präzision der Arbeit

## 2. Agrarrevolution und Bevölkerungsexplosion

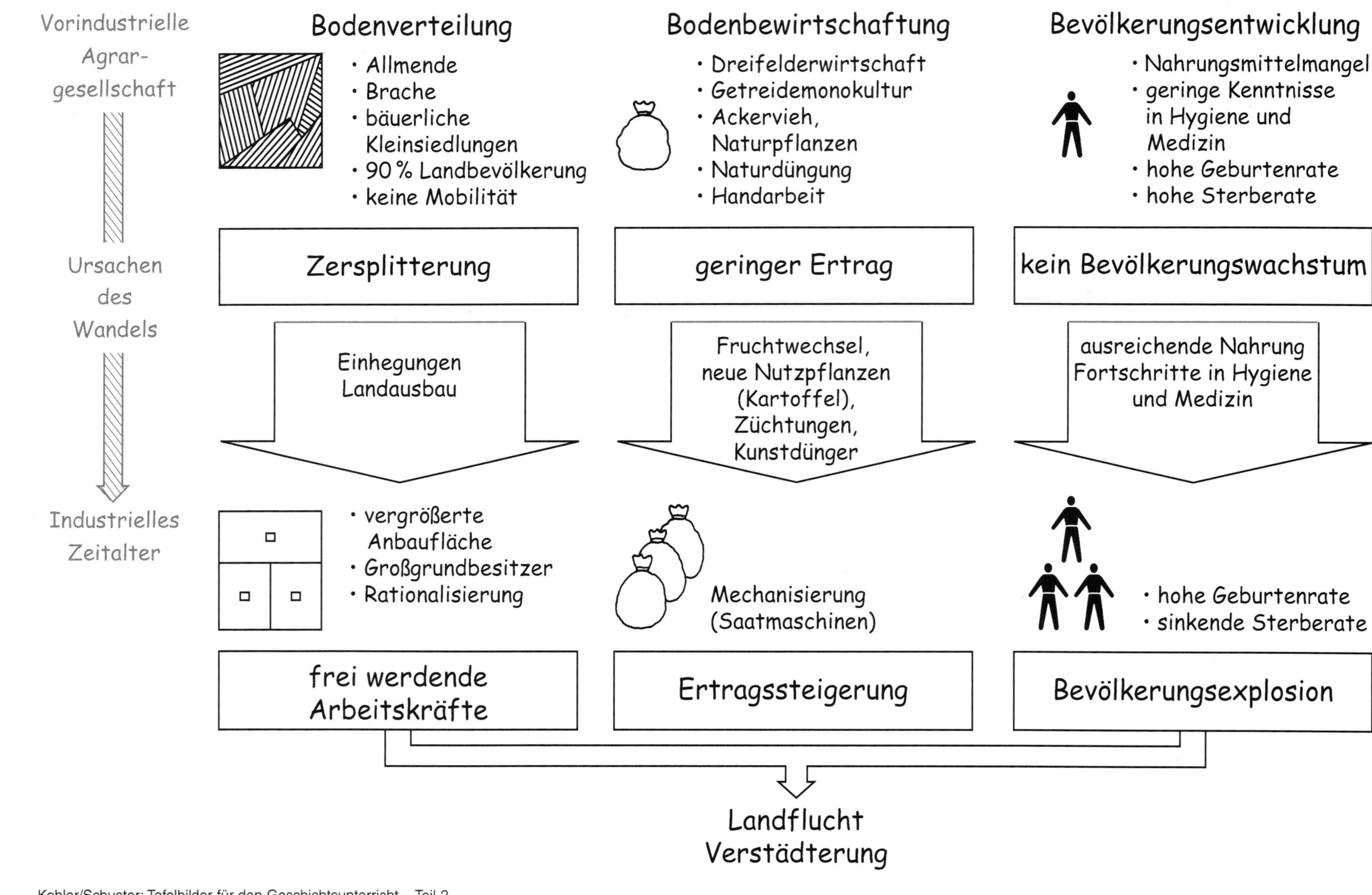

# 3. Der Wandel der Produktion
## - Vom Handwerk zur Fabrik -

Vorindustrielle Zeit

### Handwerk:
- Familienbetrieb
- örtliche Marktversorgung
- Einheit von Arbeits- und Lebensraum
- keine Arbeitsteilung
- freie Arbeitszeit
- Verdienst: Verkauf des Produkts

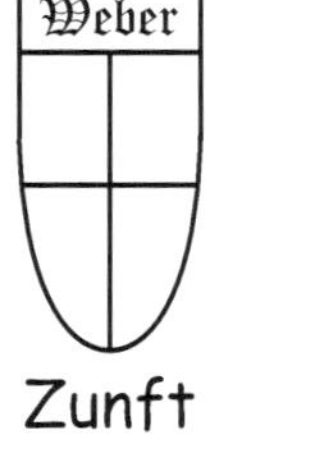

Zunft

### Manufaktur:
- Großbetrieb
- überregionale Belieferung von Märkten
- Trennung von Arbeits- und Lebensraum
- Arbeitsteilung
- geregelte Arbeitszeit
- Verdienst: Lohn

Technischer Wandel am Beispiel der Textilindustrie

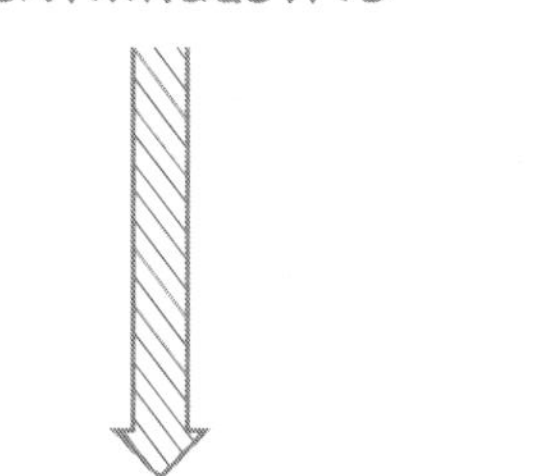

J. Kay: fliegendes Weberschiffchen
Hargreaves: „Spinning Jenny" (8 Fäden)
Arkwright: „Water frame" (Wasserantrieb)
Cromptom: „Mule"
Cartwright: mechanischer Webstuhl (Pferde)
Ab 1788: dampfbetriebene Spinnereien und Webereien

Industrielles Zeitalter (ab 18. Jh.)

### Produktion (Technik):
- Großbetrieb
- Massenproduktion
- Arbeitsteilung
- Einsatz von Maschinen (Produktion: stärker, mehr, genauer, schneller)
- neue Arbeitsplätze für Landbevölkerung

### Arbeit (Mensch):
- Trennung von Arbeits- und Lebensraum
- geregelte Arbeitszeit
- abhängige Lohnarbeit
- Maschinen bestimmen Arbeitsrhythmus.
- Einsatz von Kapital durch freie Unternehmer (Wirtschaftsliberalismus: freie Konkurrenz, Freihandel, Gewinn)

# 4. Veränderungen in Verkehr, Handel und Geld

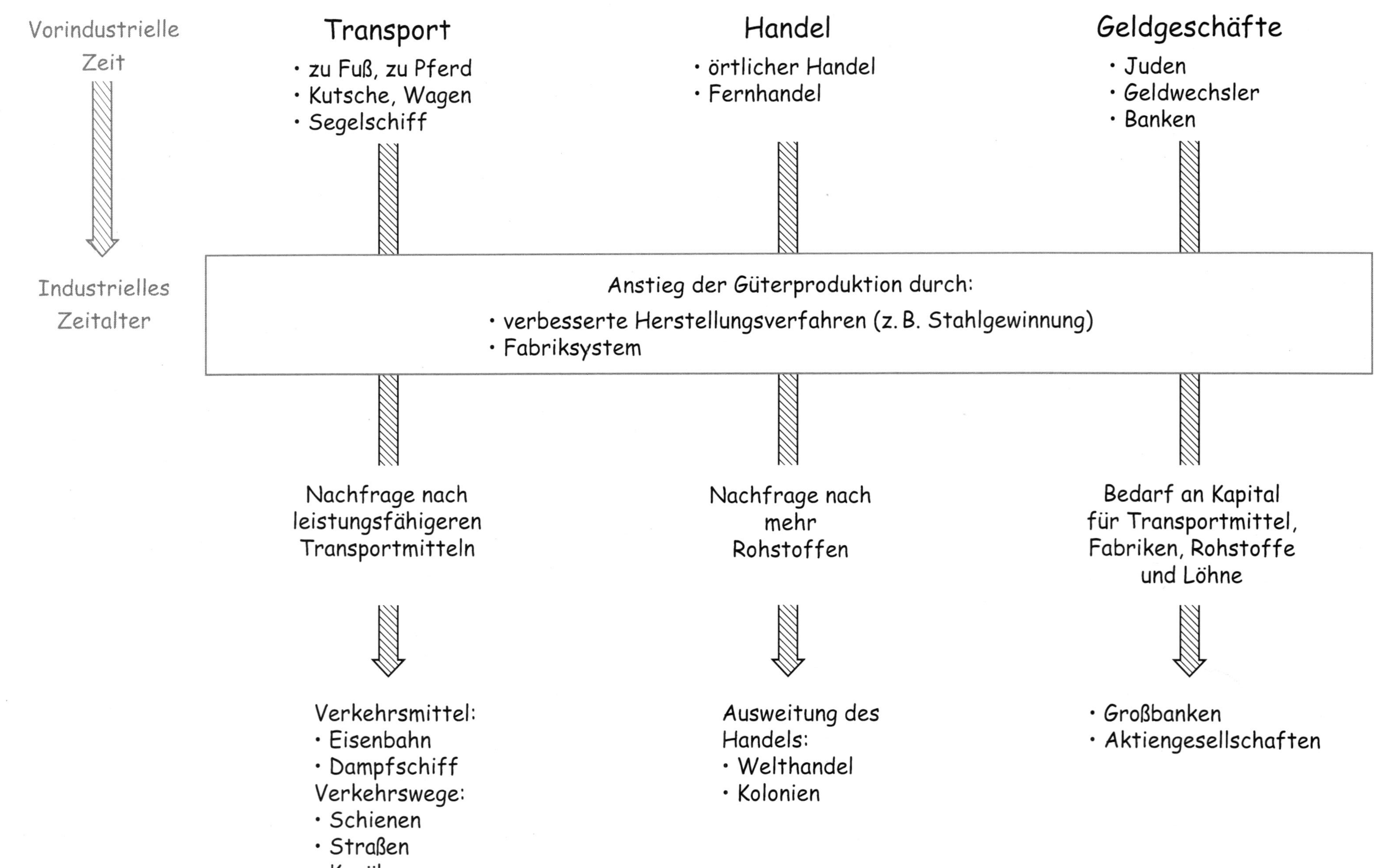

# 5. Soziale Auswirkungen der Industriellen Revolution

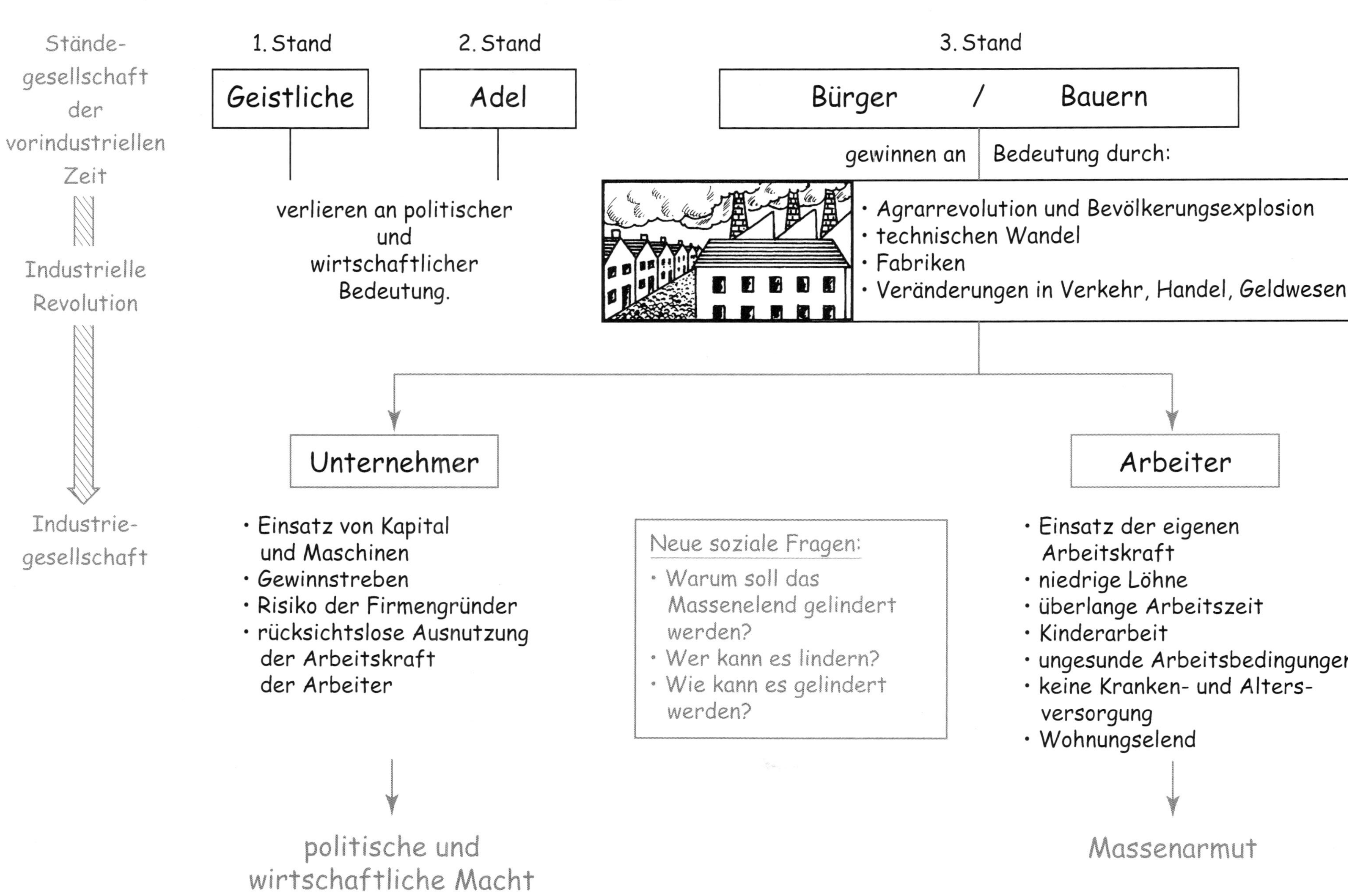

# 6. Maßnahmen gegen die Massenarmut

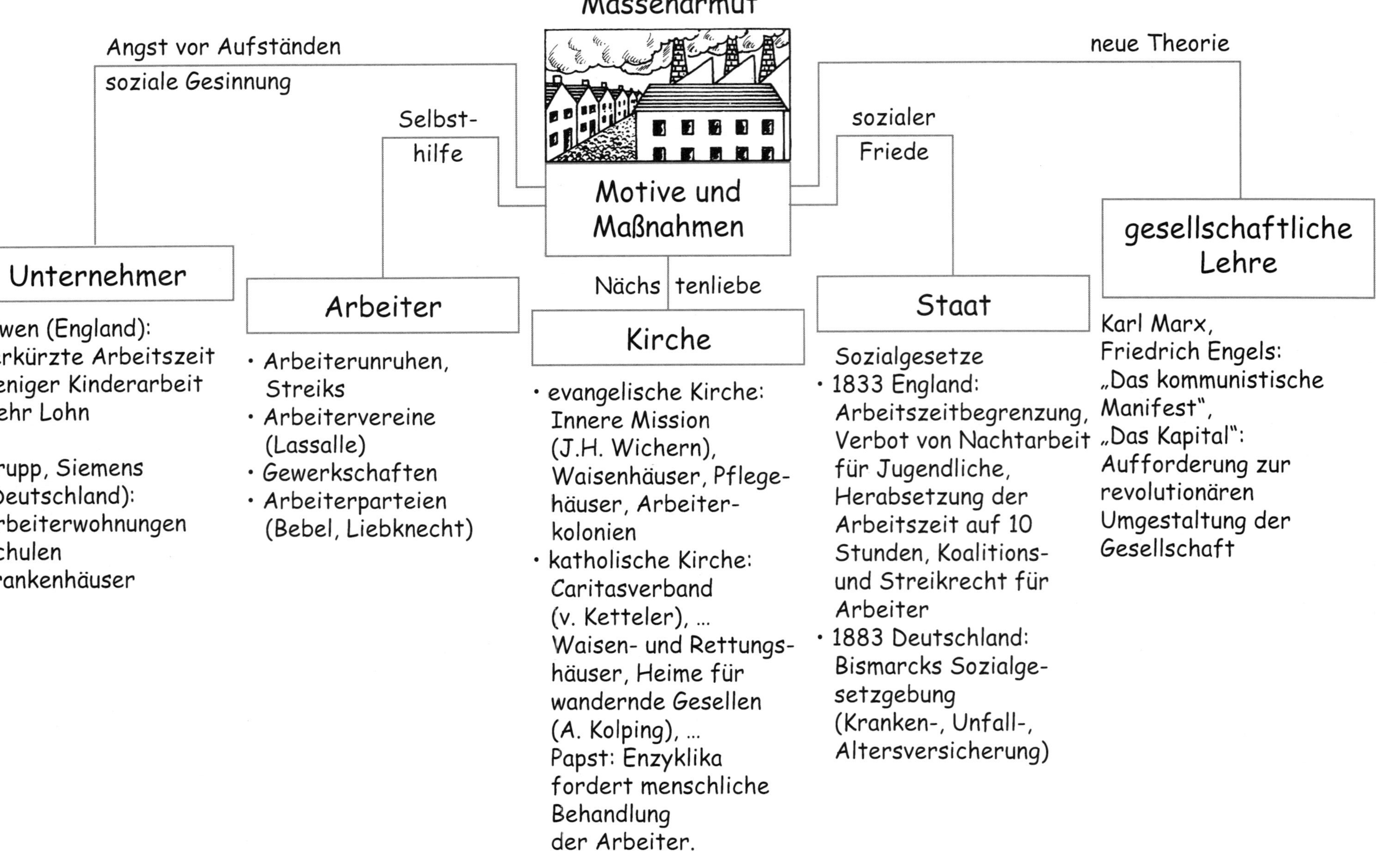

# Die Theorie des Marxismus

Karl Marx, Friedrich Engels: 1848: „Das Kommunistische Manifest"
1867: „Das Kapital"

Gesetzmäßiger Ablauf der Geschichte ⟶ Geschichte von Klassenkämpfen

| | |
|---|---|
| Urgesellschaft | keine Klassen |
| Sklavenhaltergesellschaft | Sklavenhalter ⟷ Sklaven |
| Feudalismus | Feudalherren ⟷ Leibeigene |
| KAPITALISMUS | Kapitalisten ⟷ Proletarier<br>Ursachen für den Zerfall des Kapitalismus:<br>Mehrwert ⟶ Verelendung des Proletariats ⟶ Konzentration des Kapitals ⟶ Überproduktion und Absatzkrise |
| | Übergang zum Sozialismus: |
| SOZIALISMUS | Zusammenbruch der kapitalistischen Wirtschaft ⟶ Sturz der Kapitalisten durch gewaltsame Revolution ⟶ Vergesellschaftung der Produktionsmittel<br>Diktatur des Proletariats |
| | Übergang zur klassenlosen Gesellschaft: |
| KOMMUNISMUS | Merkmale:<br>• klassenlose Gesellschaft<br>• kein Privateigentum an Produktionsmitteln<br>• kein Staat<br>• keine Entfremdung<br>• planmäßige Produktion |

## Die Praxis des Marxismus

- Die Konzentration des Kapitals wird durch die Erfindung des Elektromotors verlangsamt.
- Die Absatzkrise wird durch die Politik des Imperialismus gemildert.
- Die Verelendung des Proletariats wird durch staatliche Sozialgesetze teilweise beseitigt.
- Kommunistische Gesellschaften nach den Vorstellungen von Marx werden nicht verwirklicht.
- Totalitäre Regime missbrauchen die Lehren des Marxismus (UdSSR, DDR).
- Der Kommunismus verliert Ende des 20. Jahrhunderts an Bedeutung.

# Bismarck und die Gründung des Deutschen Reiches

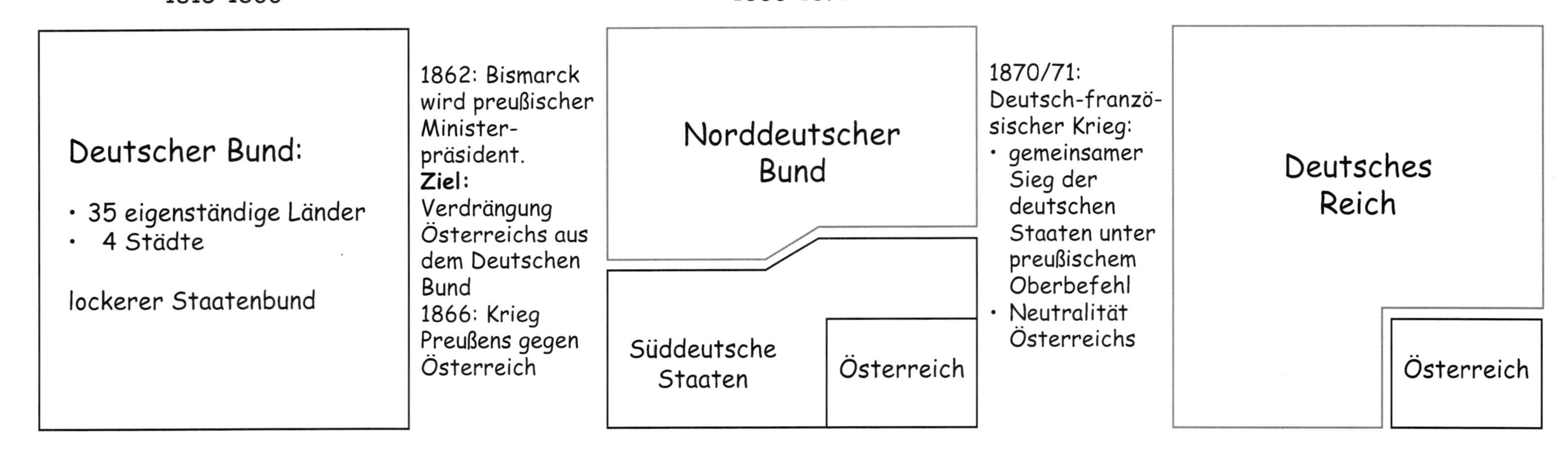


nach 1848:

- Scheitern der nationalen Bestrebungen um Reichseinheit
- Auflösung der Nationalversammlung in der Frankfurter Paulskirche

nach 1866:

- Vormachtstellung Preußens in Deutschland
- Großmachtstellung in Europa
- Rivalität mit Frankreich (Kaiser Napoleon III.)

1871:

- Reichsgründung durch die Fürsten unter der Führung Preußens in Versailles
- kleindeutsche Lösung (ohne Österreich)
- preußischer König wird Deutscher Kaiser (Wilhelm I.).
- preußischer Ministerpräsident wird Reichskanzler (Bismarck).
- Verfassung des Deutschen Reiches

# Bismarcks Außenpolitik nach 1871

Ziele:

- Sicherung der Großmachtstellung des Deutschen Reiches
- Isolierung Frankreichs
- Sicherung des Friedens in Europa

Mittel:

- Bündnisse
- 1878 Berliner Kongress („ehrlicher Makler" für Europa)
- geschickte Verhandlungen (Diplomatie)
- beginnende Kolonialpolitik

Ergebnis:

Friedenssicherung in Europa

Bismarcks Bündnissystem:

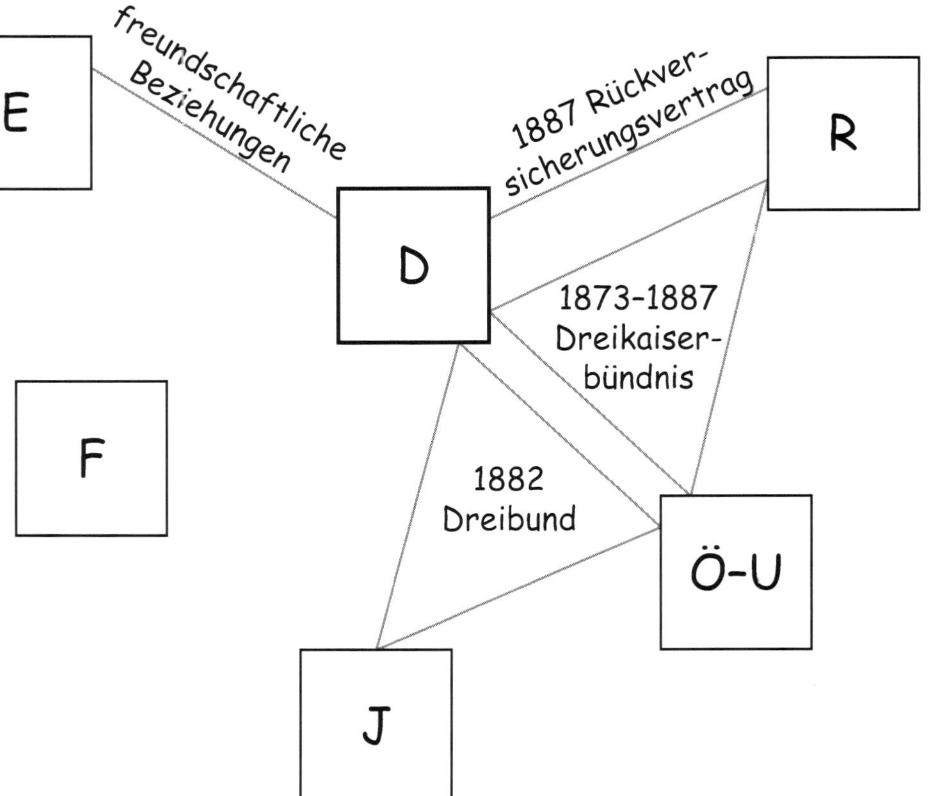


Ab 1888: neuer Kaiser (Wilhelm II.)

1890: Entlassung Bismarcks wegen seiner vorsichtigen Außenpolitik

# Wirtschaft, *Gesellschaft* und Staat im Deutschen Kaiserreich

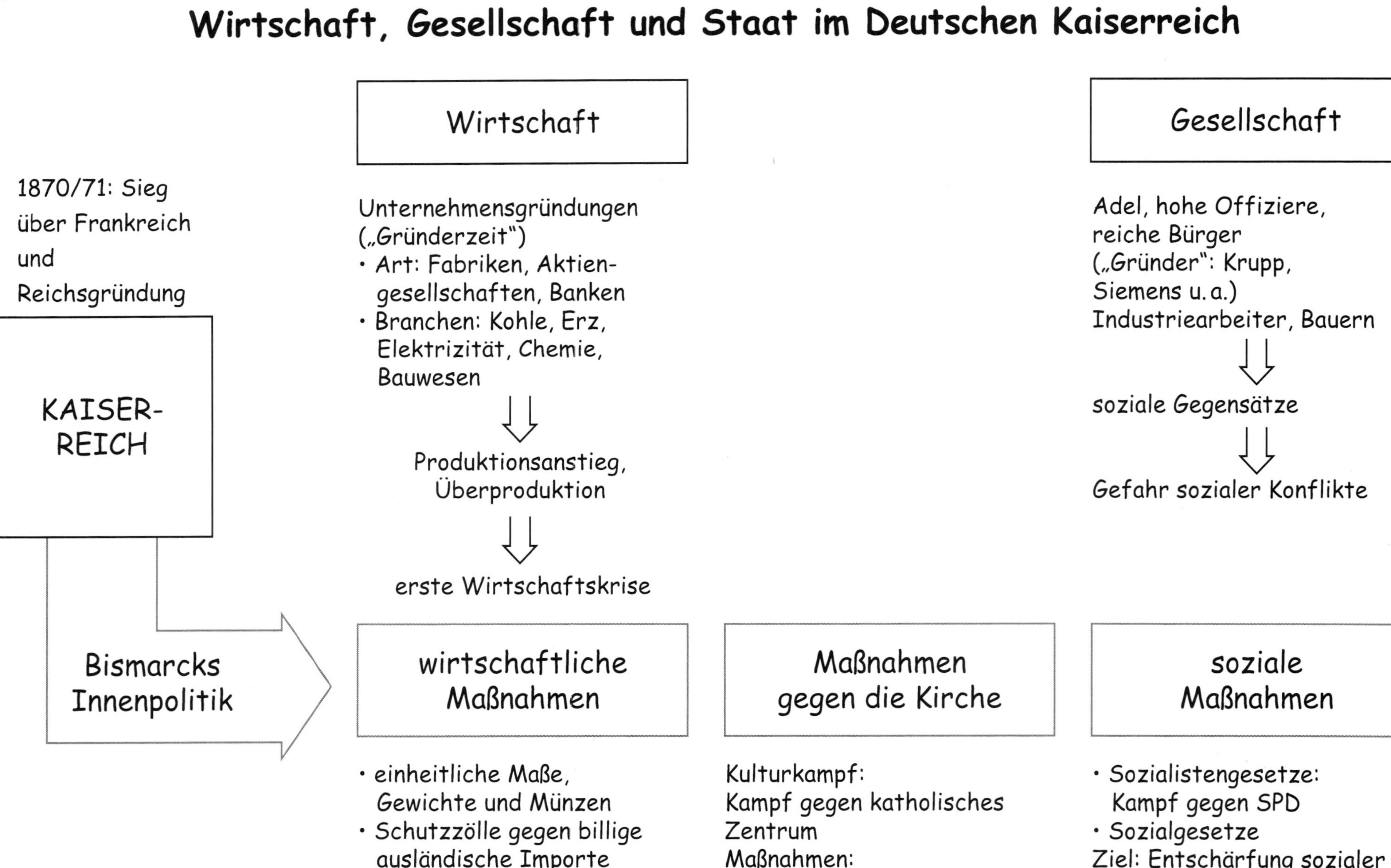

# Ursprung und Ziele des Imperialismus

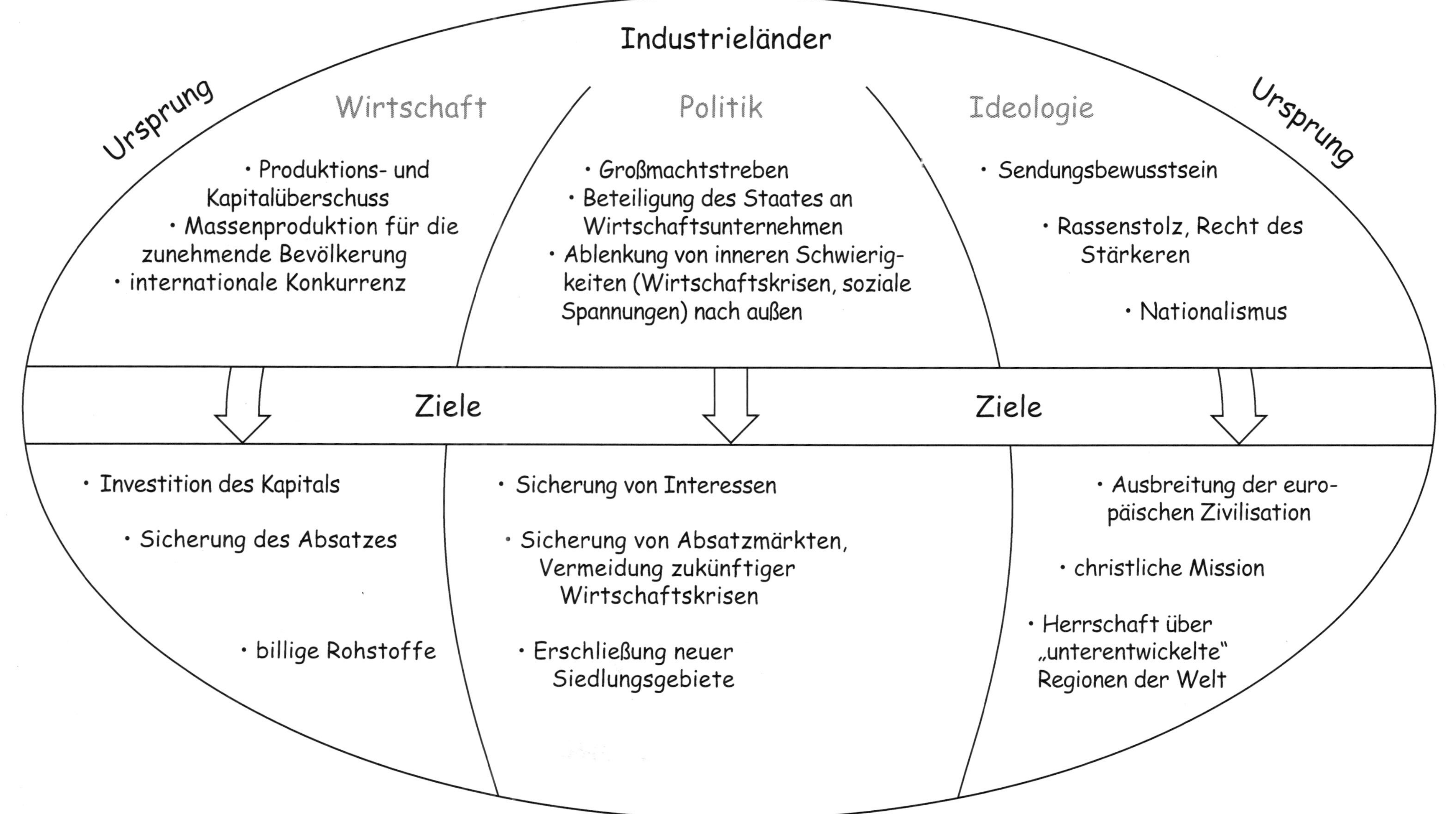


Imperialismus (von lat. imperium = Weltreich): Streben einzelner Großmächte, ihren politischen und wirtschaftlichen Einfluss in der Welt zu erweitern

# Die imperialistische Politik der Großmächte um 1900

| USA | Großbritannien | Frankreich | Deutsches Reich | Russland | Japan |
|---|---|---|---|---|---|
| Dollarimperialismus | British Empire | Nationalstolz | neuer Kurs: „Ein Platz an der Sonne“ | Vormacht auf dem Balkan | Vormacht in Ostasien |

**Methoden:**

- Kampf um Seewege
- Konkurrenz der Großmächte
- Wettlauf um die Aufteilung der Erde

**Folgen für die Großmächte:**

- gegenseitiges Misstrauen
- politische Krisen
- Kriegsgefahr

**Kolonialpolitik der Großmächte:**

- Geschenke (Glasperlen u. a.)
- Verträge mit einheimischen Häuptlingen
- Eroberung, Unterwerfung, Zerschneiden von Stammesgrenzen
- Besiedlung
- Bau von Schulen, Straßen, Krankenhäusern, militärischen Stützpunkten u. a. durch billige einheimische Arbeitskräfte
- Verwaltung durch Weiße

**Folgen für die Kolonialvölker:**

- Ausbeutung der Bodenschätze
- Zerstörung der landwirtschaftlichen Struktur: Monokulturen auf Plantagen
- Unterdrückung der Stammeskulturen und Europäisierung (europäische Zivilisation und Religion)
- politische Unmündigkeit
- rückständige Industrie; vom Weltmarkt abhängig

*Bis heute: wirtschaftliche und politische Abhängigkeit der Entwicklungsländer von den Industrienationen*

# Ursachen des 1. Weltkrieges

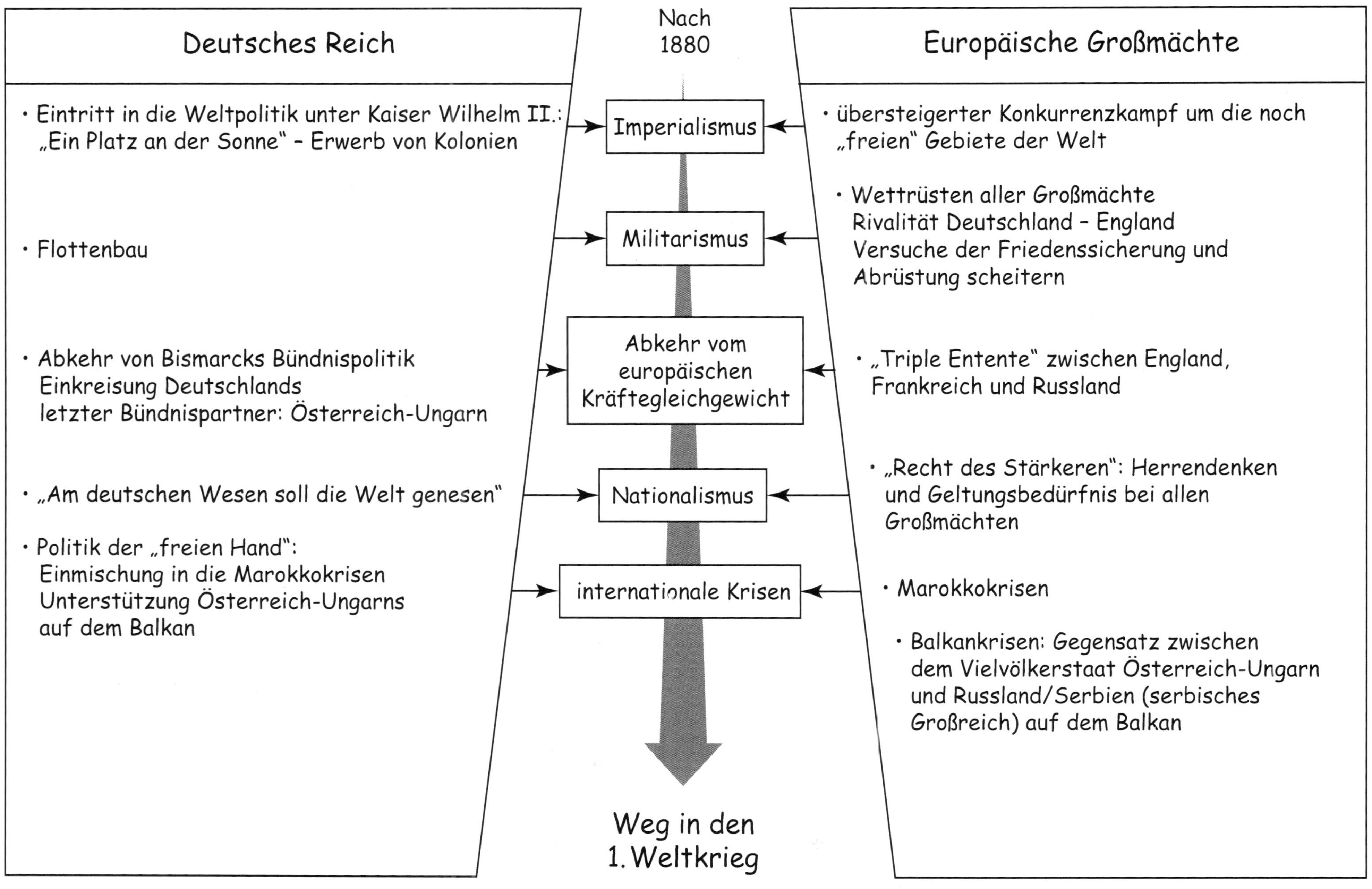

# Der 1. Weltkrieg (1914–1918)

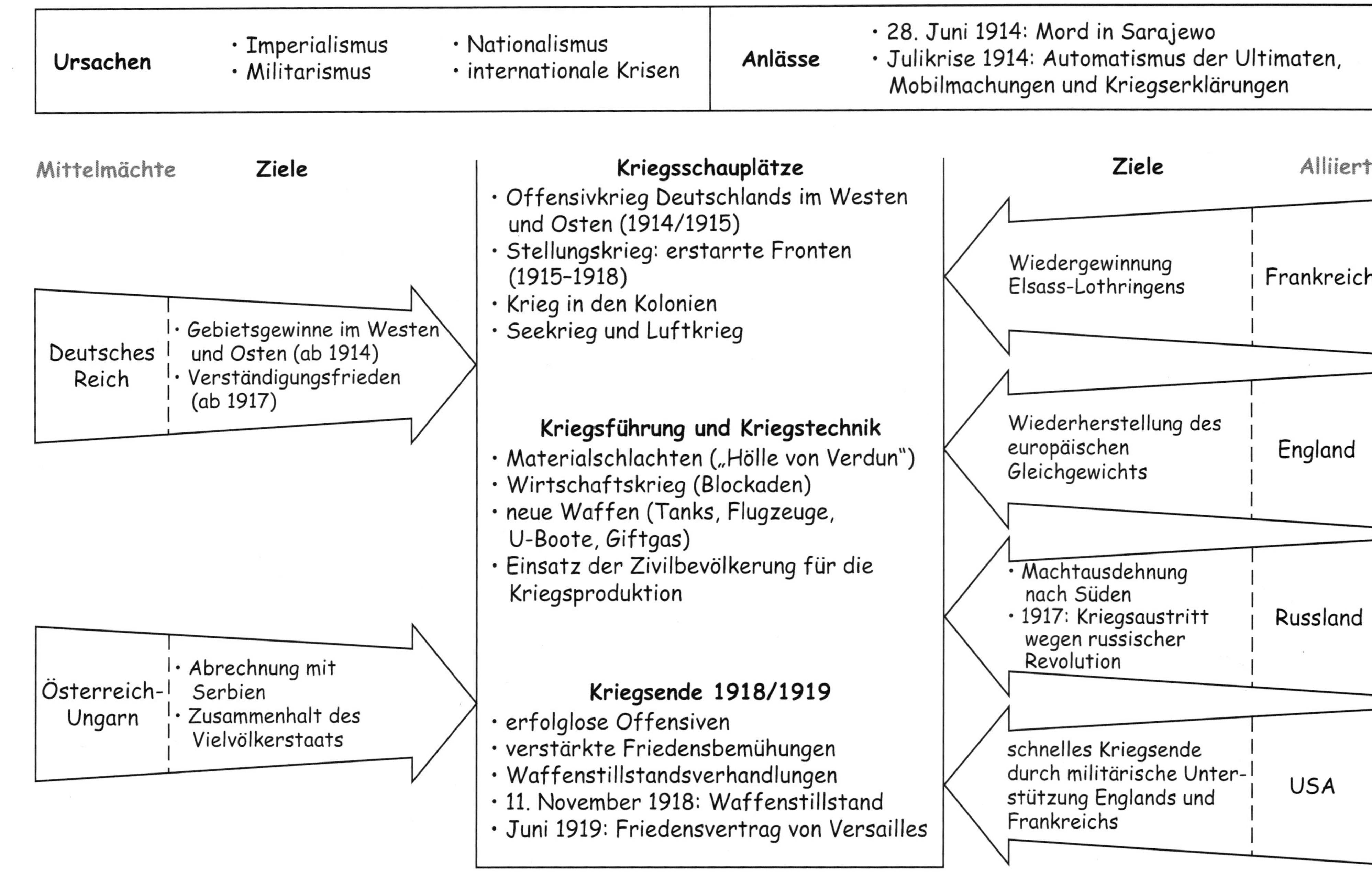

# Die inneren Verhältnisse Deutschlands während des 1. Weltkrieges

## Auswirkungen auf die Menschen

1914: Hass auf Feinde
begeisterter Aufbruch
viele Freiwillige

Ab 1915: Gefallenenmeldungen
Kriegsproduktion (u.a. durch Frauen)
wiederholte Kriegsanleihen
Lebensmittelknappheit

hohe Kindersterblichkeit
schleichende Inflation
Schwarzmarkt
„Kohlrübenwinter"

Demonstration für Frieden
Streiks
Matrosenaufstand in Kiel
Bildung von Arbeiter- und Soldatenräten

1914

Kriegsbegeisterung

Ernüchterung

Kriegsmüdigkeit

Unzufriedenheit mit militärischer und politischer Führung

1918

## Innenpolitik

**1914: „Burgfrieden"**
- allgemeine Zustimmung für Kriegskredite
- Zusammenarbeit von Reichstag, Regierung, Kaiser und Militär
- eigentliche Macht: OHL (Hindenburg, Ludendorff) 1914–1917

**1917: Friedensresolution**
- Versuche des Reichstags, seine Kompetenzen zu erweitern
- Aufstieg und Spaltung der SPD im Reichstag

**1918: Verfassungsreform**
- Rückzug der OHL aus der Verantwortung
- neue Regierung Max von Baden: Bitte um Waffenstillstand (3.10.1918)
- Deutschland wird parlamentarische Monarchie

**Nov. 1918: Revolution**
- Abdankung des Kaisers Wilhelm II.
- 9. Nov. 1918: Ausrufung der Republik (demokratische Republik/Räterepublik) Regierung Friedrich Ebert, SPD
- 11. Nov. 1918: Unterzeichnung des Waffenstillstandes – bedingungslose Kapitulation

# Die Pariser Friedensverträge 1919–1922

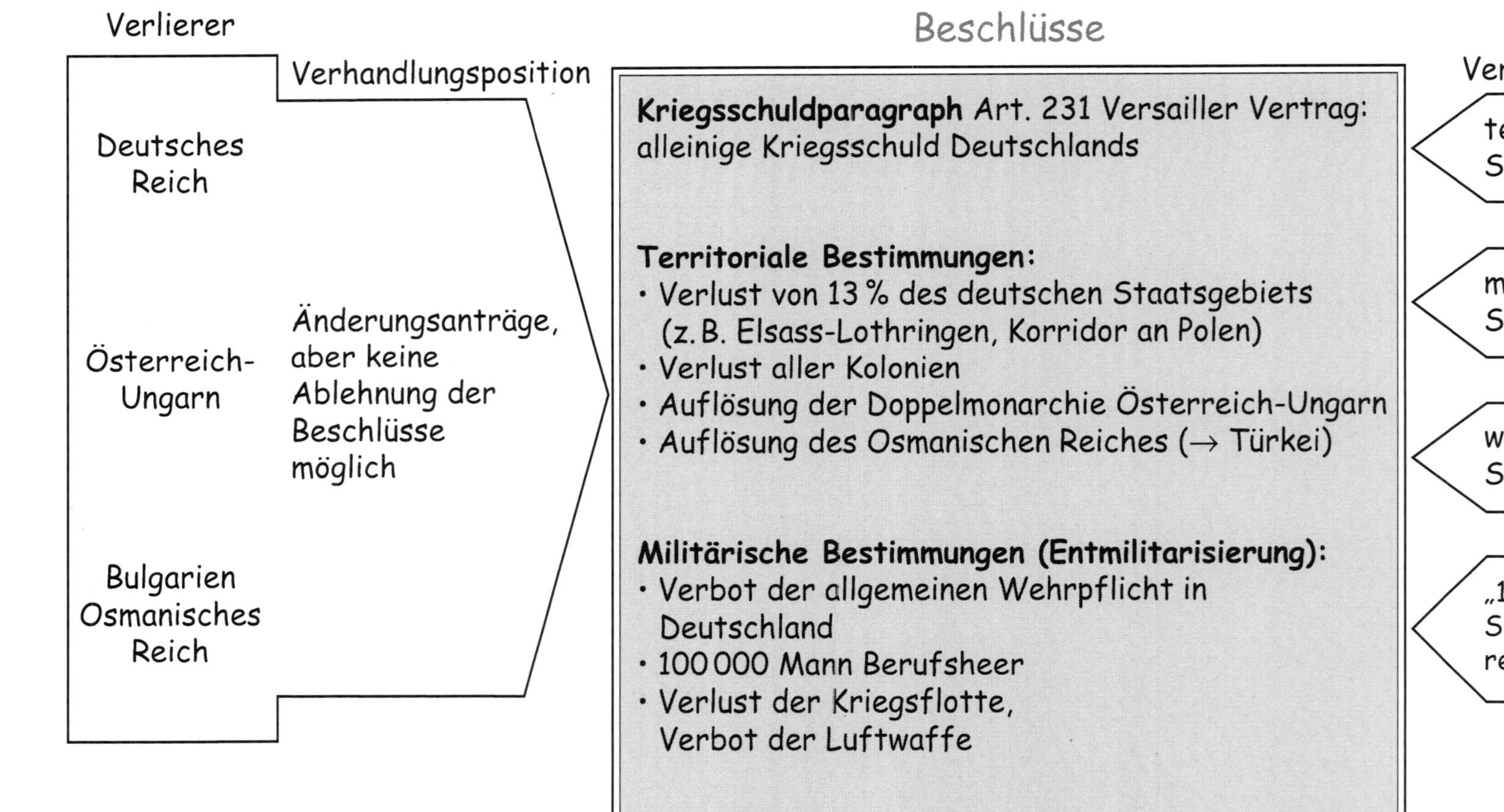

## Verlierer

Verhandlungsposition

Deutsches Reich

Österreich-Ungarn

Bulgarien
Osmanisches Reich

Änderungsanträge, aber keine Ablehnung der Beschlüsse möglich

## Beschlüsse

**Kriegsschuldparagraph** Art. 231 Versailler Vertrag: alleinige Kriegsschuld Deutschlands

**Territoriale Bestimmungen:**
- Verlust von 13 % des deutschen Staatsgebiets (z. B. Elsass-Lothringen, Korridor an Polen)
- Verlust aller Kolonien
- Auflösung der Doppelmonarchie Österreich-Ungarn
- Auflösung des Osmanischen Reiches (→ Türkei)

**Militärische Bestimmungen (Entmilitarisierung):**
- Verbot der allgemeinen Wehrpflicht in Deutschland
- 100 000 Mann Berufsheer
- Verlust der Kriegsflotte, Verbot der Luftwaffe

**Wirtschaftliche Bestimmungen:**
- Reparationszahlungen Deutschlands an England und Frankreich
- Verkleinerung der deutschen Handelsflotte um 90 %
- Verlust von Schwerindustrie (Steinkohle, Eisen)

## Sieger

Verhandlungsziele

territoriale Schwächung — Frankreich (Clemenceau)

militärische Schwächung

wirtschaftliche Schwächung — England (Lloyd George)

„14 Punkte", u. a. Selbstbestimmungsrecht der Völker — USA (Wilson)

### Auswirkungen:

- Enttäuschung über „Schmachfrieden"
- politisches Ziel: Revision des Versailler Vertrages
- Verschlechterung der wirtschaftlichen Lage
- neue Kleinstaaten in Ostmitteleuropa und auf dem Balkan

### Auswirkungen:

- Weiterbestehen des französischen Sicherheitsbedürfnisses
- Enttäuschung der USA
- Völkerbund als Instrument der Friedenssicherung
- allgemeines Unbehagen

**Vertrag, Diktat oder gerechte Strafe?**

# Die USA, England und Frankreich nach dem 1. Weltkrieg

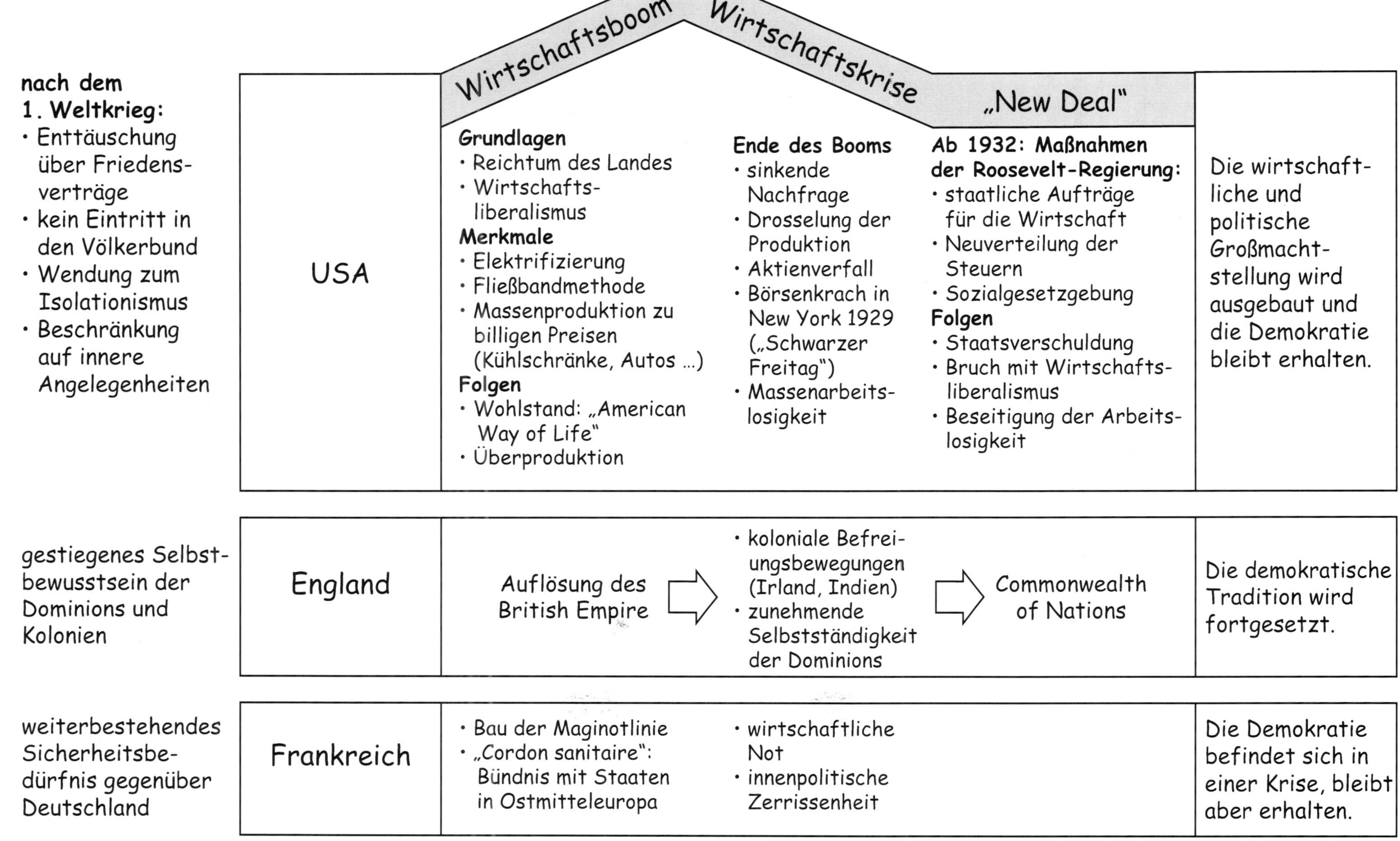

| | | Wirtschaftsboom | Wirtschaftskrise | „New Deal" | |
|---|---|---|---|---|---|
| **nach dem 1. Weltkrieg:**<br>· Enttäuschung über Friedensverträge<br>· kein Eintritt in den Völkerbund<br>· Wendung zum Isolationismus<br>· Beschränkung auf innere Angelegenheiten | USA | **Grundlagen**<br>· Reichtum des Landes<br>· Wirtschaftsliberalismus<br>**Merkmale**<br>· Elektrifizierung<br>· Fließbandmethode<br>· Massenproduktion zu billigen Preisen (Kühlschränke, Autos ...)<br>**Folgen**<br>· Wohlstand: „American Way of Life"<br>· Überproduktion | **Ende des Booms**<br>· sinkende Nachfrage<br>· Drosselung der Produktion<br>· Aktienverfall<br>· Börsenkrach in New York 1929 („Schwarzer Freitag")<br>· Massenarbeitslosigkeit | **Ab 1932: Maßnahmen der Roosevelt-Regierung:**<br>· staatliche Aufträge für die Wirtschaft<br>· Neuverteilung der Steuern<br>· Sozialgesetzgebung<br>**Folgen**<br>· Staatsverschuldung<br>· Bruch mit Wirtschaftsliberalismus<br>· Beseitigung der Arbeitslosigkeit | Die wirtschaftliche und politische Großmachtstellung wird ausgebaut und die Demokratie bleibt erhalten. |
| gestiegenes Selbstbewusstsein der Dominions und Kolonien | England | Auflösung des British Empire ⇨ | · koloniale Befreiungsbewegungen (Irland, Indien)<br>· zunehmende Selbstständigkeit der Dominions ⇨ | Commonwealth of Nations | Die demokratische Tradition wird fortgesetzt. |
| weiterbestehendes Sicherheitsbedürfnis gegenüber Deutschland | Frankreich | · Bau der Maginotlinie<br>· „Cordon sanitaire": Bündnis mit Staaten in Ostmitteleuropa | · wirtschaftliche Not<br>· innenpolitische Zerrissenheit | | Die Demokratie befindet sich in einer Krise, bleibt aber erhalten. |

# Die russischen Revolutionen

Ursachen

**Russland im 19. Jahrhundert**
- mittelalterliche Ständegesellschaft
- autoritäre Regierung des Zaren
- wirtschaftliche Notlage der Bauern (80 %) und der Arbeiter

Ursachen

**Russland im 1. Weltkrieg**
- verlustreicher Krieg: Kriegsmüdigkeit
- katastrophale Versorgungslage
- Streiks und Demonstrationen in Petersburg

Ursachen

**Entscheidungsjahr 1917**
- Fortsetzung des Krieges: Kerenski-Offensive
- Rückkehr Lenins mit Billigung der deutschen Regierung

## Anwendung der Lehre des Marxismus-Leninismus

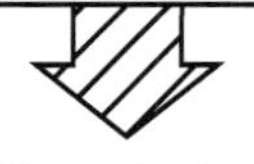

### Revolution von 1905
- Bittzug zum Zaren
- „Blutsonntag" in St. Petersburg
- Streiks und Entstehung von Arbeiter- und Soldatenräten

Ergebnis:
- Niederwerfung des Aufstandes
- Zugeständnisse des Zaren: Errichtung eines Parlaments (russ.: Duma)

### Februarrevolution 1917
- Abdankung des Zaren Nikolaus II.
- Russland wird Republik und parlamentarische Demokratie.

Ergebnis:
- provisorische Regierung unter Kerenski
- Bildung von Arbeiter- und Soldatenräten: Menschewiki und Bolschewiki

### Oktoberrevolution 1917
- Versprechen Lenins: „Friede, Land, Brot!"
- straffe Parteiorganisation der Bolschewiki durch Trotzki
- 25. Okt.: Besetzung wichtiger strategischer Punkte, Sturm auf das Winterpalais und Verhaftung der Regierung
- Ermordung der Zarenfamilie

Ergebnis:
- neue Regierung: Rat der Volkskommissare, Vorsitzender Lenin
- erste Dekrete: Aufhebung des Privateigentums, Austritt aus dem Krieg
- Alleinherrschaft der Bolschewiki, Ausschaltung politischer Gegner

# Die Entstehung der Sowjetunion und ihr Ausbau zum totalitären Staat

| **Bolschewistischer Machtbereich** (die „Roten") | **Ziele:** | | **Ziele:** | **Machtbereich der Gegenrevolutionäre** (die „Weißen") |
|---|---|---|---|---|
| • brutaler Terror gegen Andersdenkende<br>• Aufbau der Roten Armee (Trotzki) | • Sicherung des Machtbereichs<br>• Alleinherrschaft in ganz Russland<br>• Weltrevolution | 1918–1922<br><br>blutiger Bürgerkrieg | • Beseitigung der bolschewistischen Diktatur<br>• ansonsten: uneinheitliche Interessen | Menschewiki, Sozialdemokraten, Monarchisten, ausländische Mächte |

**Ergebnis des Bürgerkrieges:**

- Sieg der Roten Armee
- Alleinherrschaft der Bolschewiki in ganz Russland

**Folgen des Bürgerkrieges:**

- Hungersnot, Elend
- Rückgang der industriellen und landwirtschaftlichen Produktion

**Maßnahmen der roten Machthaber:**

NEP
- Lockerung der staatlichen Zwangswirtschaft
- Privatbesitz möglich

1922: Gründung der UdSSR

„Union der Sozialistischen Sowjetrepubliken"

1924: Tod Lenins

| | |
|---|---|
| Die UdSSR unter Stalins Führung (1924–1953) „Stalinismus" | • die „große Säuberung"<br>• Aufbau des „Sozialismus in einem Lande"<br>• gewaltsame Sozialisierung der Landwirtschaft (Sowchosen, Kolchosen)<br>• gewaltsame Industrialisierung (Schwerindustrie, Rüstungsindustrie): Fünf-Jahrespläne<br>• Personenkult um Stalin |
| Die UdSSR vor dem 2. Weltkrieg | • totalitärer Staat, Parteidiktatur<br>• militärische und politische Großmacht |

# Italien und Ostmitteleuropa nach dem 1. Weltkrieg

| **nach dem 1. Weltkrieg** | | Faschistische Ideologie | Faschistische Symbole | Faschistische Machtergreifung | **Folgen:** |
|---|---|---|---|---|---|
| • als Sieger enttäuscht<br>• Wirtschaftskrise<br>• soziale Spannungen<br>• Krise der jungen Demokratie | Italien | • Antiliberalismus<br>• Antikommunismus<br>• Nationalismus („mare nostro")<br>• Imperialismus<br>• Militarismus<br>• Führerstaat (Duce Mussolini) | • Rutenbündel<br>• Beil<br>• Schwarzhemd<br>• altrömischer Gruß | • sog. „Marsch auf Rom"<br>• Beseitigung politischer Gegner (Einparteienstaat)<br>• Verständigung mit König, Bürokratie und Kirche (Wahrung einer Scheinlegalität) | Die Demokratie wird beseitigt und eine faschistische Diktatur errichtet. |

| | | Probleme: | | | |
|---|---|---|---|---|---|
| Entstehung neuer Staaten als Demokratien | Ostmitteleuropa | **national**<br>• neue Grenzen<br>• Spannungen mit nationalen Minderheiten | **politisch**<br>• kein gewachsenes Demokratiebewusstsein<br>• Ansehensverlust der Parteien | **wirtschaftlich**<br>• Arbeitslosigkeit<br>• Währungskrisen | Die Demokratien werden beseitigt und autoritäre Regierungen errichtet. |

# Die Entstehung der Weimarer Republik

9. Nov. 1918: Novemberrevolution
Abdankung des Kaisers Wilhelm II.

- Ausrufung der demokratischen Republik durch Ph. Scheidemann (SPD)
- provisorische Regierung „Rat der Volksbeauftragten" unter Reichskanzler Ebert (SPD)

Ziel: parlamentarische Demokratie

- 19.1.1919: Wahlen zur Nationalversammlung: Sieger: SPD/Zentrum/BVP/DDP
- **erste Regierung**: Weimarer Koalition
  Reichspräsident: Ebert
  Reichskanzler: Scheidemann

**Maßnahmen:** Niederschlagung des Spartakus-Aufstandes (Ermordung Liebknechts und Luxemburgs)

- Reichswehr schlägt Münchener Räterepublik u. a. nieder und setzt die gewählten Regierungen wieder ein (Juni 1919).
- August 1919: WEIMARER VERFASSUNG
  Merkmale: Republik – Bundesstaat – parlamentarische Demokratie – starke Position des Reichspräsidenten (Art. 48 u. 25)

Sieg der parlamentarischen Demokratie

- Ausrufung der sozialistischen Republik durch K. Liebknecht (USPD)
- Arbeiter- und Soldatenräte

Ziel: Räterepublik

**Beispiel**: Räterepublik in Bayern:

- Arbeiter- und Soldatenräte
- Ermordung Eisners
- Rätediktatur unter Ausschaltung des Landtags
- Chaos in München

**Beispiel**: Spartakus-Aufstand in Berlin

Kämpfe, Streiks

Scheitern der Räterepublik

# Bedrohungen der Weimarer Republik 1919–1923

**linksradikale Aktivitäten**

- politische Morde
- Aufstände in Thüringen, Sachsen und im Ruhrgebiet, „Roter Oktober"

**rechtsradikale Aktivitäten**

- Dolchstoßlegende
- politische Morde
- Kapp-Putschversuch 1920
- Hitler-Putschversuch 1923

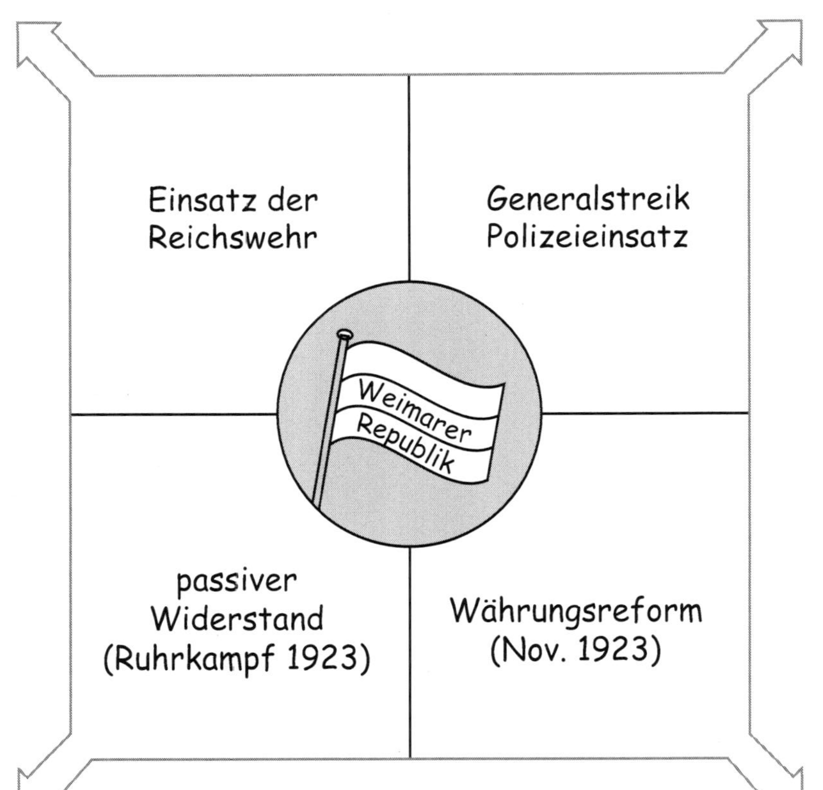


**außenpolitische Bedrohung**

Besetzung des Ruhrgebietes durch Frankreich wegen Rückstandes bei den Reparationen (Januar 1923)

**Wirtschaftskrise**

- schleichende Inflation
- große Belastung durch Reparationen
- galoppierende Inflation 1923

Im Krisenjahr 1923 droht die Weimarer Republik politisch und wirtschaftlich zu scheitern.

# Jahre der inneren und äußeren Entspannung 1924–1929

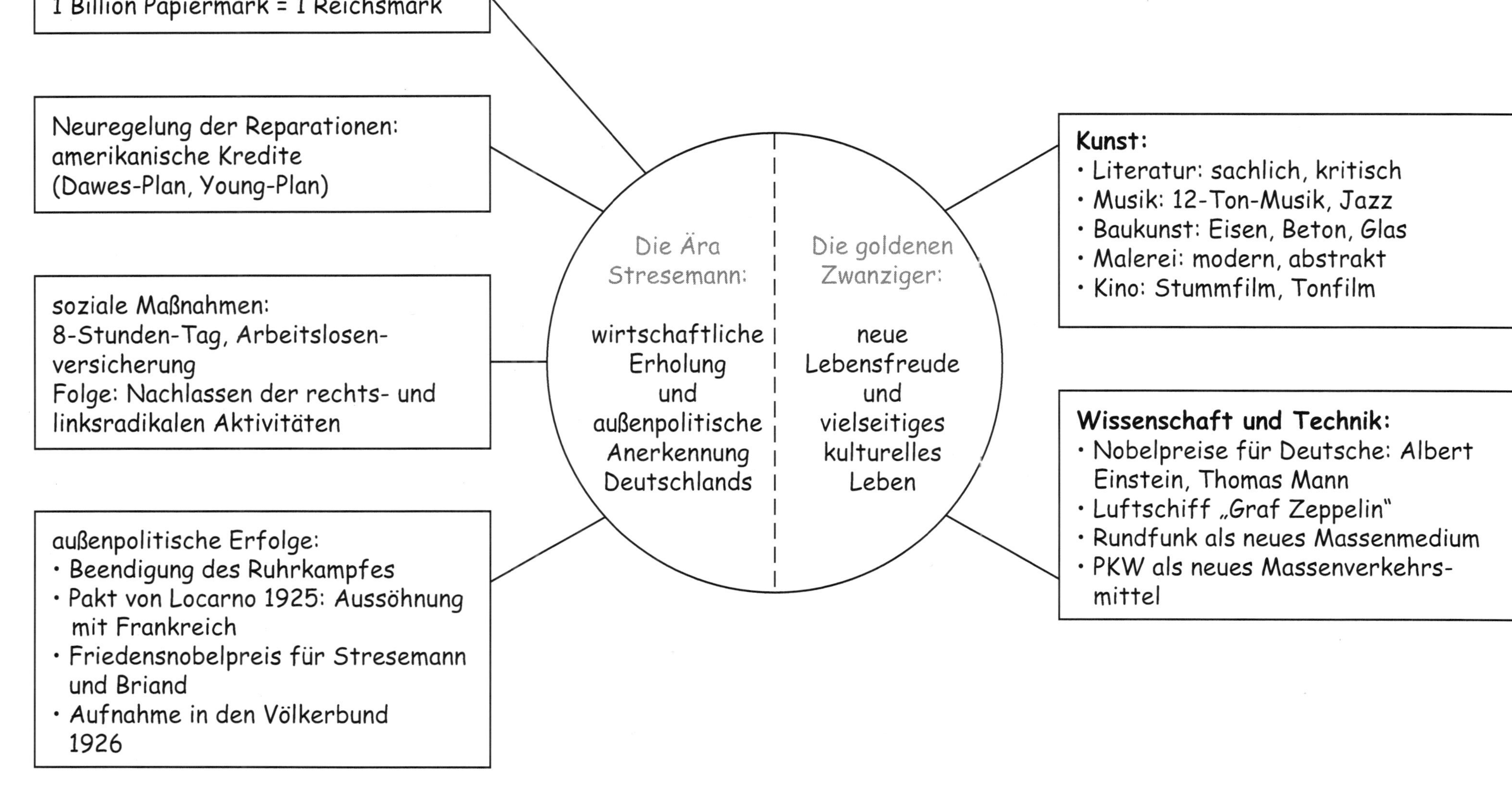

# Das Scheitern der Weimarer Republik 1929–1933

Weimarer Republik 1924–1929

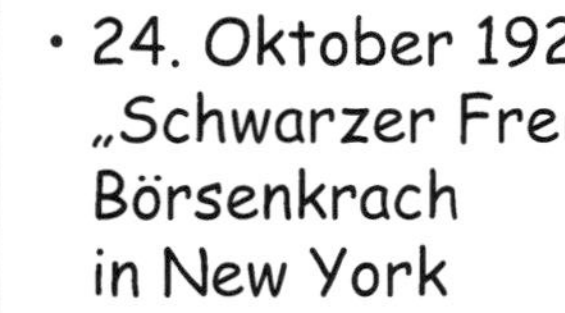

- wirtschaftliche Scheinblüte
- politische Scheinruhe

## Weltwirtschaftskrise

- 24. Oktober 1929: „Schwarzer Freitag" – Börsenkrach in New York
- Folgen für Deutschland: Abzug amerikanischer Kredite, Sinken der Produktion, Banken- und Firmenzusammenbrüche, Massenarbeitslosigkeit
- Regierungsmaßnahmen: unpopuläre Sparpolitik des Reichskanzlers Brüning

## Politische Radikalisierung

- aggressive Wahlpropaganda der radikalen Parteien
- Demonstrationen und Straßenschlachten (Kommunisten, SA)
- Wahlgewinne der KPD und NSDAP Folge: Beschlussunfähigkeit des Reichstages
- „Harzburger Front": Bündnis der rechten Republikfeinde

## Missbrauch der Weimarer Verfassung

- Einsetzung und Entlassung von Präsidialregierungen (Brüning, Papen, Schleicher) durch den Reichspräsidenten Hindenburg
- Regierung ohne Reichstagsmehrheit durch Notverordnungen nach § 48 (Diktaturparagraf)
- Auflösung des Reichstages nach § 25. Regierung ohne Reichstag bis zu den Neuwahlen
- persönliche Intrigen um Hindenburg

30. Januar 1933

„legale" Ernennung Adolf Hitlers zum Reichskanzler einer rechten Koalitionsregierung

# Die Person Hitlers und der Aufstieg der NSDAP

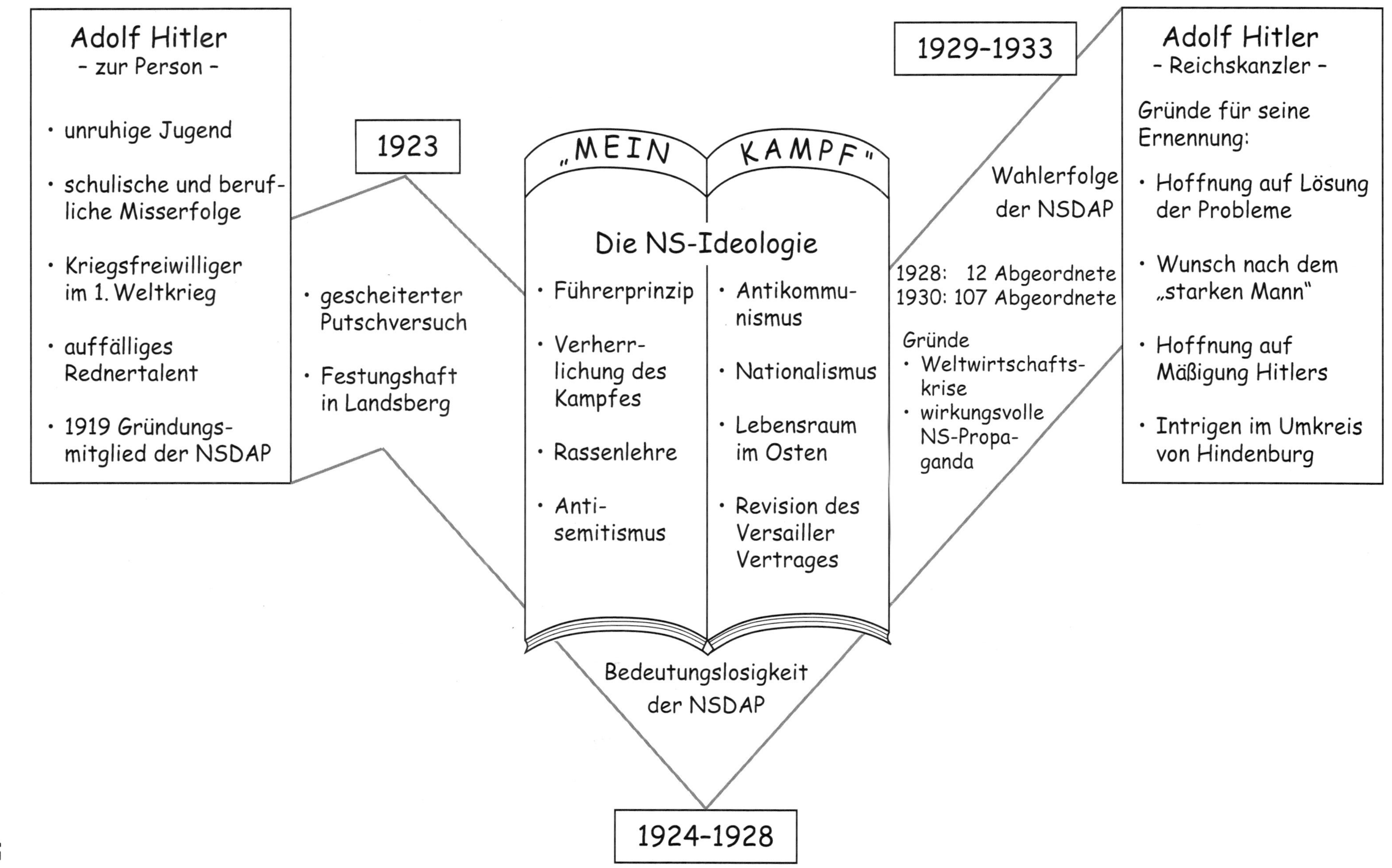

# Die Stufen der Machtergreifung nach dem 30. Januar 1933

| Verfolgung und Verhaftung von Kommunisten und Sozialdemokraten | Ausschaltung des Reichstages | Gleichschaltung auf der Grundlage des Ermächtigungsgesetzes | Ausschaltung jeglicher Opposition | Machtfülle Hitlers |
|---|---|---|---|---|
| ↑ | ↑ | ↑ | ↑ | ↑ |
| | | | | Hitler als Nachfolger Hindenburgs |
| | | | „Röhm-Putsch“ | Tod Hindenburgs<br>• Hitler wird Reichspräsident<br>• Vereidigung der Reichswehr auf die Person Hitlers |
| | | Gesetz zur Gleichschaltung der Länder<br>Inhalt: Verlust der Unabhängigkeit der Länder | • Beseitigung der SA als innerparteiliche Konkurrenz<br>• Verhaftung und Hinrichtung führender SA-Mitglieder und anderer politischer Gegner<br>• nachher: Gesetz rechtfertigt Maßnahmen. | |
| | Ermächtigungsgesetz<br>• Neuwahlen: keine absolute Mehrheit<br>• „Tag von Potsdam“: feierliche Verbindung zwischen Kaiserreich (Hindenburg) und Nationalsozialismus (Hitler)<br>• Gesetzesvorlage im Reichstag:<br>Übertragung der Legislative auf die Regierung<br>Ergebnis der Abstimmung: 2/3-Mehrheit<br>Gegenstimmen: nur SPD (Otto Wels) | Verbot der Parteien<br>Inhalt: alleinige Staatspartei ist die NSDAP | | |
| Reichsbrandverordnung<br>Anlass: Reichstagsbrand<br>Inhalt: Beseitigung wichtiger Grundrechte | | Verbot der Gewerkschaften<br>Inhalt: einzig zugelassene Gewerkschaft Deutsche Arbeitsfront (DAF) | | |
| 27.–28. 2. 1933 | März 1933 | 1933/34 | Juni 1934 | 2. 8. 1934 |

# Der Führerstaat

## Demokratie

- Gewaltenteilung
- demokratische Wahlen
- viele Parteien
- freie Gewerkschaften
- freie Entfaltung der Persönlichkeit
- Meinungsfreiheit Vielfalt von Kunst und Literatur
- Toleranz

**demokratische Vielfalt**

## Mittel der NS-Herrschaft

**Propaganda**
(Reichsparteitage, Führerkult, Massenveranstaltungen)

**Terror**
(KZ für Andersdenkende)

**Überwachung**
(Gestapo)

**Einschüchterung**
(Boykott jüdischer Geschäfte)

## NS-Diktatur

- Hitler als Reichskanzler, Reichspräsident, Oberbefehlshaber der Wehrmacht – „Führer und Reichskanzler"
- scheindemokratische Volksabstimmungen
- Einparteienstaat: straffe Parteiorganisation (NSDAP) Führerprinzip
- Einheitsgewerkschaft DAF
- totale Erfassung des Einzelnen von Jugend an in zahlreichen NS-Organisationen (z. B. HJ, SA, SS, NS-Frauenschaft)
- totale Kontrolle über Presse („Völkischer Beobachter"), Literatur (Bücherverbrennung), Kunst (Verbot „entarteter Kunst"), Rundfunk (Volksempfänger) durch das Propaganda-Ministerium
- beginnende Judenverfolgung
- Druck auf die Kirche

**Gleichschaltung**
„Ein Volk, ein Reich, ein Führer"

# Die NS-Wirtschaftspolitik

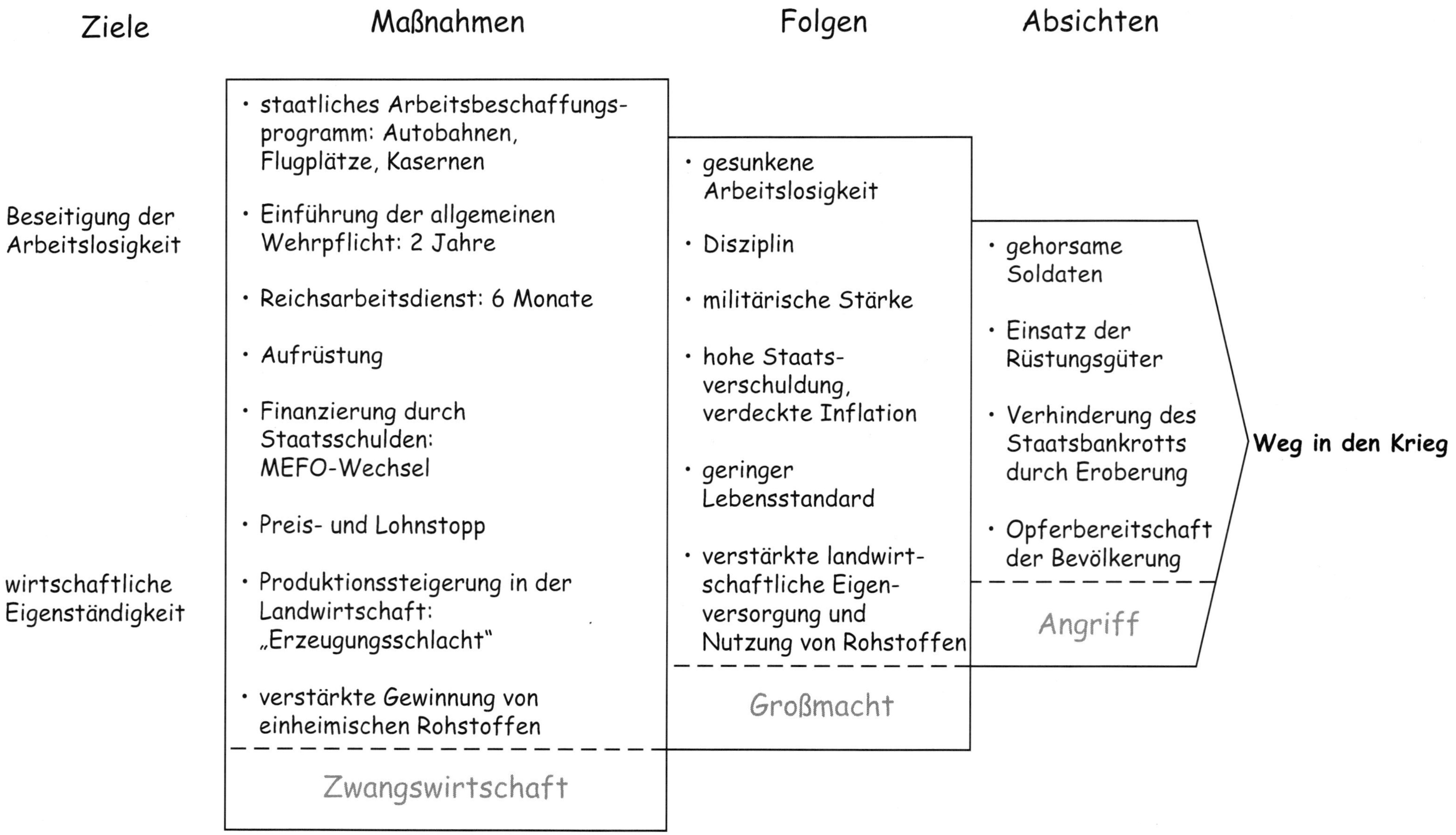

| Ziele | Maßnahmen | Folgen | Absichten | |
|---|---|---|---|---|
| Beseitigung der Arbeitslosigkeit<br><br>wirtschaftliche Eigenständigkeit | • staatliches Arbeitsbeschaffungsprogramm: Autobahnen, Flugplätze, Kasernen<br>• Einführung der allgemeinen Wehrpflicht: 2 Jahre<br>• Reichsarbeitsdienst: 6 Monate<br>• Aufrüstung<br>• Finanzierung durch Staatsschulden: MEFO-Wechsel<br>• Preis- und Lohnstopp<br>• Produktionssteigerung in der Landwirtschaft: „Erzeugungsschlacht"<br>• verstärkte Gewinnung von einheimischen Rohstoffen | • gesunkene Arbeitslosigkeit<br>• Disziplin<br>• militärische Stärke<br>• hohe Staatsverschuldung, verdeckte Inflation<br>• geringer Lebensstandard<br>• verstärkte landwirtschaftliche Eigenversorgung und Nutzung von Rohstoffen | • gehorsame Soldaten<br>• Einsatz der Rüstungsgüter<br>• Verhinderung des Staatsbankrotts durch Eroberung<br>• Opferbereitschaft der Bevölkerung | **Weg in den Krieg** |
| | Zwangswirtschaft | Großmacht | Angriff | |

# Die NS-Außenpolitik 1933–1936

**Ziele**

aus „Mein Kampf" (1924)

- Beseitigung des Versailler Vertrages

| 1933 | 1934 | 1935 | 1936 |
|---|---|---|---|
| Regierungserklärung: Frieden und Gleichberechtigung Deutschlands | Nichtangriffspakt mit Polen | Flottenabkommen mit England | Olympische Spiele in Berlin<br>Friedenspropaganda |

- Großdeutsches Reich

Zweigleisige Außenpolitik:

- Friedensparolen (scheinbare Fortsetzung der Weimarer Außenpolitik)
- Politik der vollendeten Tatsachen (Vertragsbruch, Gewaltaktionen)

- „Lebensraum" im Osten

| 1933 | 1935 | 1936 | 1936–39 | 1936 | |
|---|---|---|---|---|---|
| Austritt aus dem Völkerbund | Einführung der allgemeinen Wehrpflicht | militärische Besetzung des Rheinlandes | Teilnahme am Spanischen Bürgerkrieg (Legion Condor) | „Achse Berlin - Rom"<br>Antikominternpakt D - It - Jap | Weg in den Krieg |

# Aggressive und expansive NS-Außenpolitik (1937–1939)

| | 1937 | März 1938 | Oktober 1938 | März 1939 | April 1939 | August 1939 |
|---|---|---|---|---|---|---|
| **Deutsche Kriegsvorbereitung** | | • Einmischung in die österreichische Innenpolitik<br>• Plan eines „Großdeutschen Reiches": Österreich „heim ins Reich" | • Einmischung in der Tschechoslowakei: Unterstützung der benachteiligten sudetendeutschen Minderheit<br>• Kriegsdrohung | • Einmischung in die Konflikte zwischen Slowaken und Tschechen<br>• Druck auf tschechische Regierung | • geheimer Plan eines Angriffs auf Polen<br>• Forderung nach Rückgabe Danzigs | • Isolierung Polens<br>• Verhinderung eines Zweifronten-Krieges |
| | „Hossbach-Protokoll": konkrete Kriegspläne | „Anschluss" Österreichs: Ostmark | Besetzung des Sudetenlandes | Besetzung der Rest-Tschechei: „Protektorat Böhmen-Mähren" | Kündigung des dt.-engl. Flottenabkommens und des dt.-poln. Nichtangriffspaktes | Hitler-Stalin-Pakt mit geheimem Zusatzprotokoll |
| **Reaktionen des Auslandes** | | • Appeasement-Politik: Nachgeben um des Friedens willen | • Münchner Abkommen zwischen D-E-F-It: Besetzung des Sudetenlandes durch deutsche Truppen und die Angliederung an das deutsche Reich werden toleriert. | • noch keine Maßnahmen gegen Hitler<br>• Ende der Appeasement-Politik<br>• Drohungen gegen Deutschland | • Garantieerklärung Englands und Frankreichs für den Bestand Polens | • gescheiterte Bemühungen Englands und Frankreichs um ein Bündnis mit der UdSSR |

# Die NS-Judenverfolgung und -vernichtung

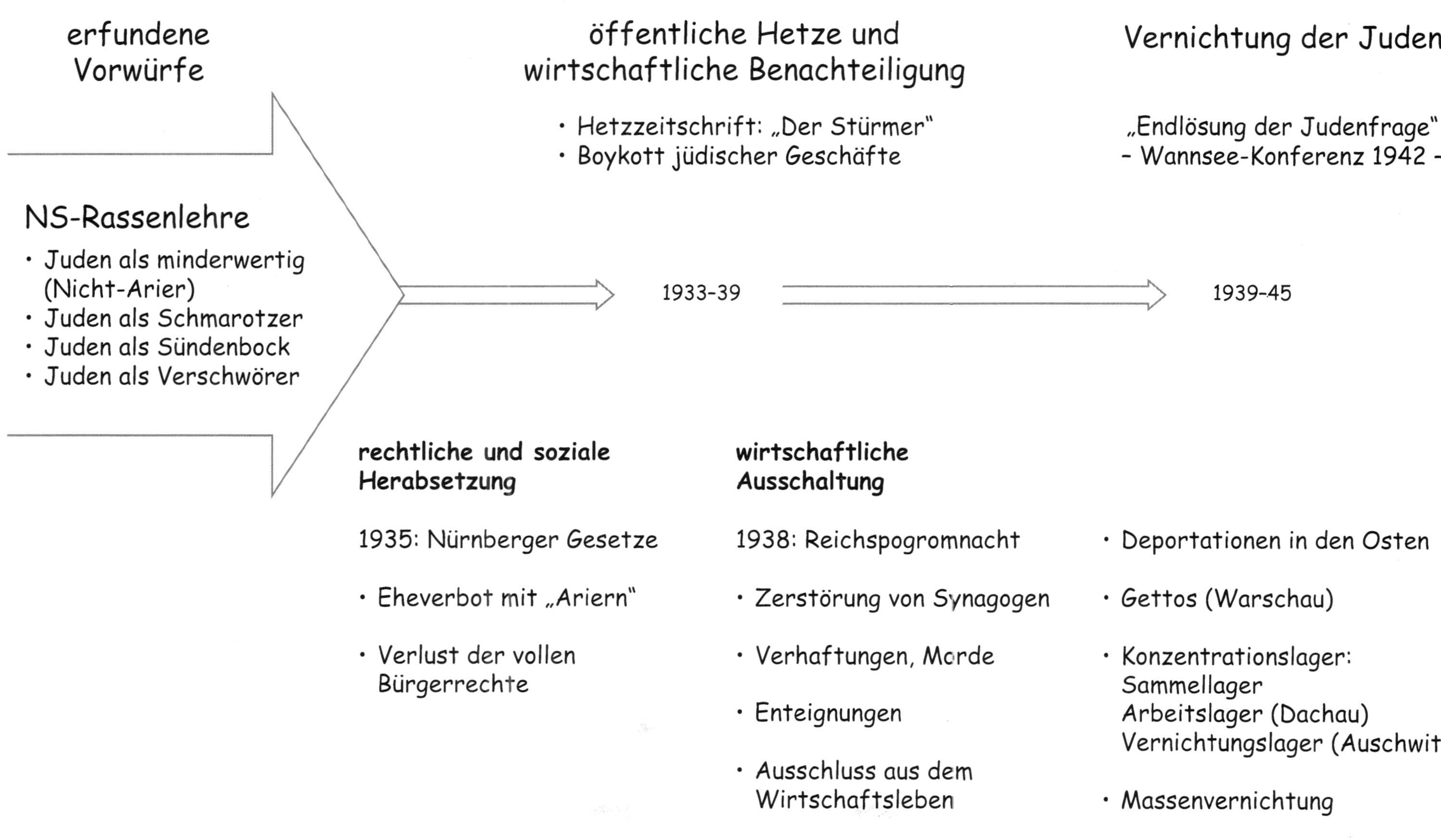

# Der deutsche Widerstand

Ziele:

- Beseitigung des NS-Regimes
- Beendigung des Krieges
- Wiederherstellung des Rechtsstaates

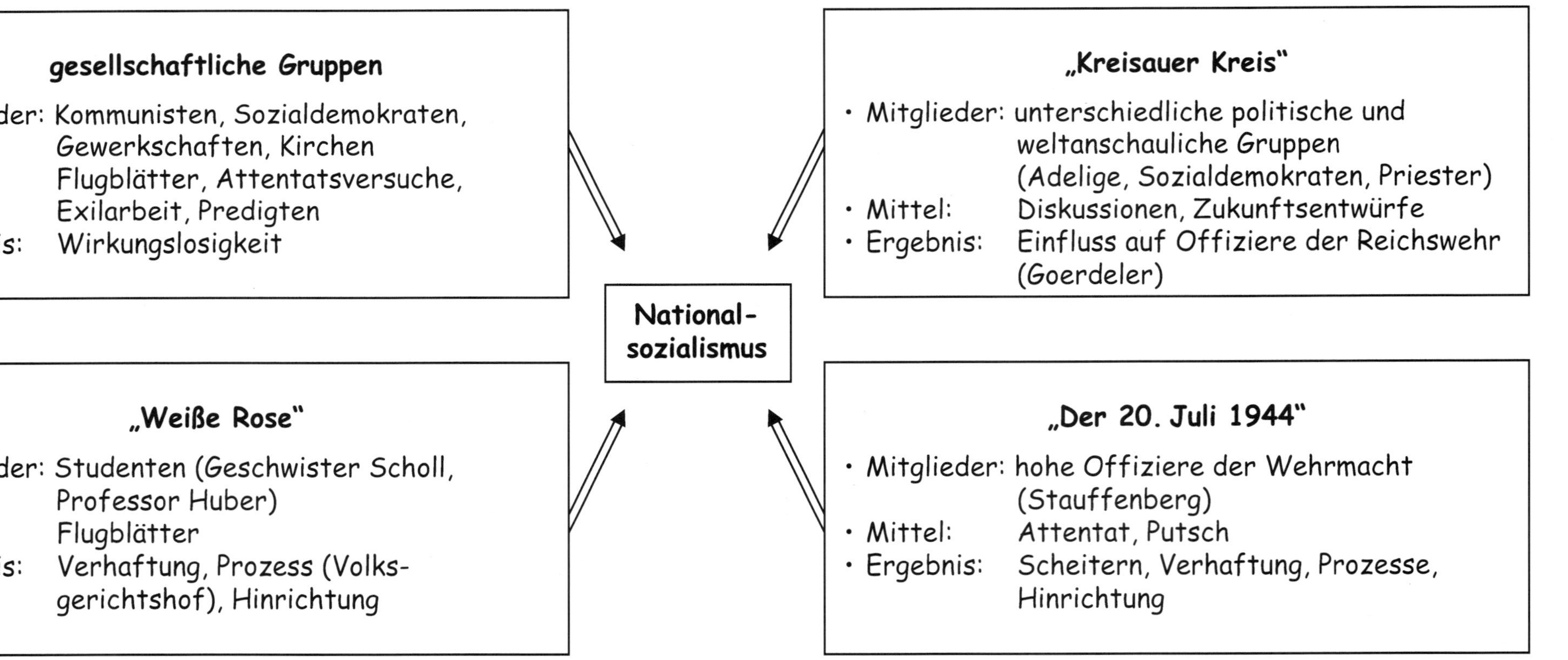


**Gründe für das Scheitern des deutschen Widerstandes:**

- totale Überwachung
- Uneinigkeit
- Unentschlossenheit
- Pech

# Der 2. Weltkrieg (1939–1945)

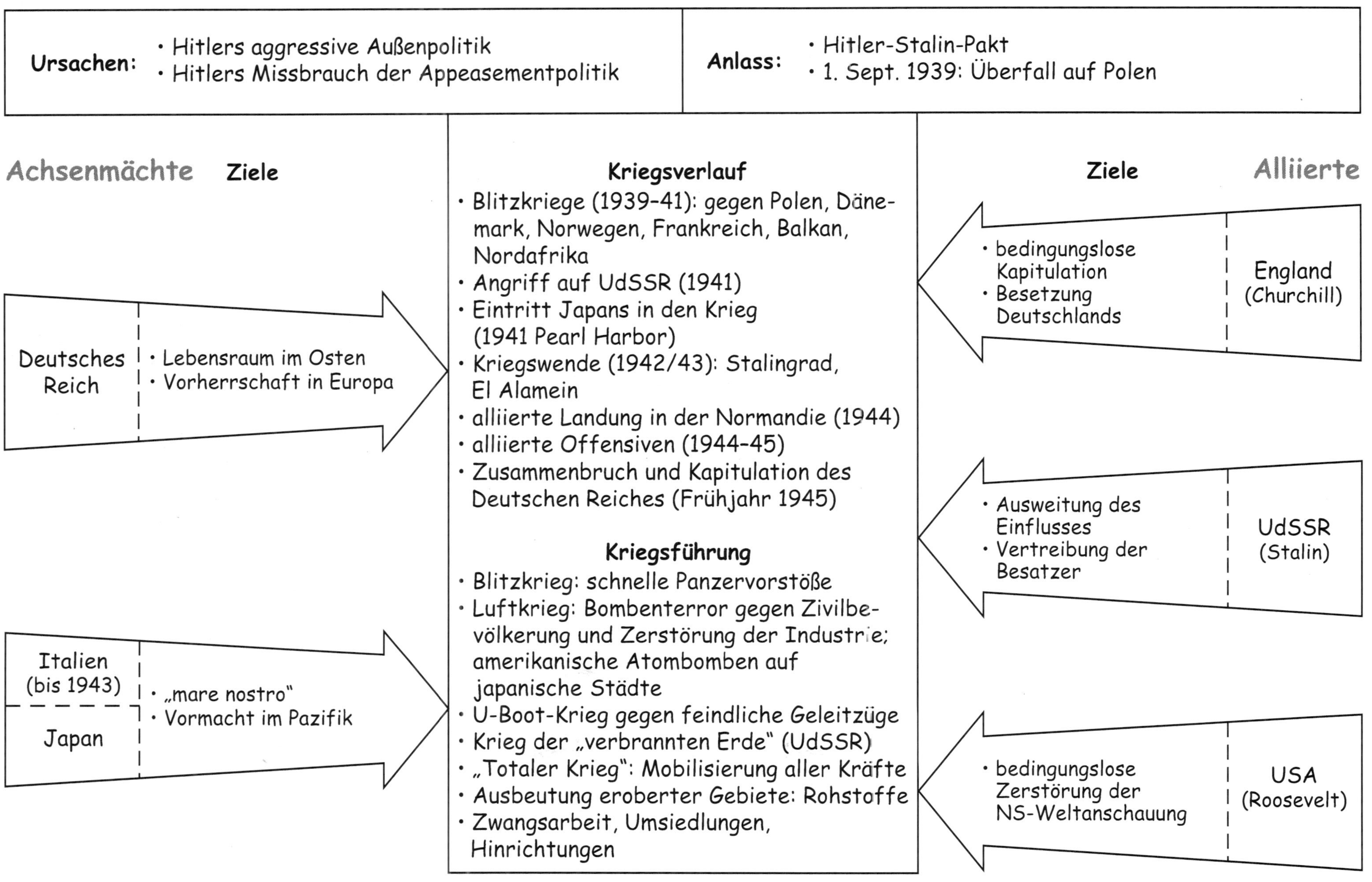

# Das besiegte Deutschland

**Konferenz von Teheran (1943)**

Pläne:
Aufteilung Deutschlands in Besatzungszonen durch die Alliierten

Deutsches Reich

**Konferenz von Jalta (Feb. 1945)**

Erklärungen:

- Forderung der bedingungslosen Kapitulation
- Besetzung und Kontrolle Deutschlands
- Aufteilung in 3 Besatzungszonen

**Frühjahr 1945**
**Zusammenbruch des deutschen Reiches**
**9. Mai 1945 Kapitulation**

- zerstörte Städte
- Wohnungsnot
- Hungersnot
- Lebensmittelrationierung
- Flüchtlingsströme
- Schwarzmarkt

## Die Potsdamer Konferenz (August 1945)

Beschlüsse:

**Entmilitarisierung**

- vollständige Entwaffnung
- Verbot jeglicher Waffenproduktion
- Demontagen

**Entnazifizierung**

- Auflösung aller NS-Organisationen
- Fragebogen über NS-Aktivitäten
- Nürnberger Kriegsverbrecherprozesse (u. a. 12 Todesurteile)

**Aufteilung in 4 Besatzungszonen**

BBZ
SBZ
FBZ
ABZ
Aufteilung Berlins

**Demokratisierung**

- durch den Alliierten Kontrollrat
- Neueinrichtung von Parteien, Presse, Verwaltungsorganen

**Vertreibungen**

- gewaltsame Umsiedlung Deutscher u. a. aus dem Sudetenland, aus Schlesien und Ostpreußen

# Die unterschiedliche Besatzungspolitik (1945–1948)

## in den Westzonen

**Ziele:**

- eigenständiger wirtschaftlicher Neubeginn der Deutschen
- Demokratisierung nach westlichem Vorbild: Aufbau einer deutschen Verwaltung

**Maßnahmen:**

- Parteigründungen: SPD, CDU, CSU, FDP
- gewählte Länderregierungen
- wirtschaftlicher Zusammenschluss der Westzonen: Bizone – Trizone
- Marshall-Plan 1947: amerikanische Kredite für den Wiederaufbau und zur Abwendung der kommunistischen Ausbreitung in Europa
- Währungsreform: „Kopfgeld" 40 DM
- Luftbrücke: Versorgung Berlins durch Flugzeuge
- festere Anbindung der drei Westsektoren Berlins an die Trizone

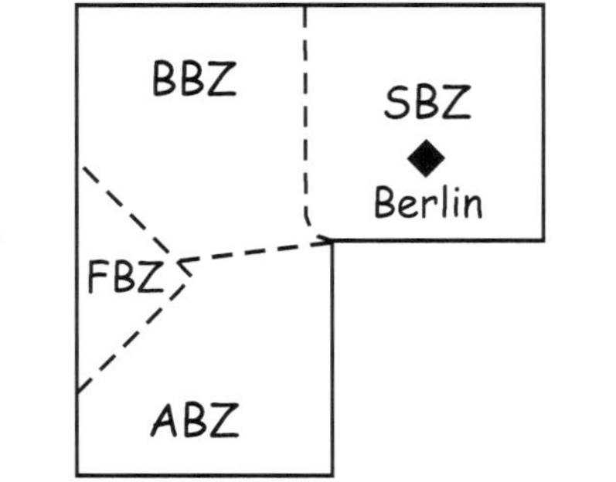


unterschiedliche Ziele

unterschiedliche Maßnahmen

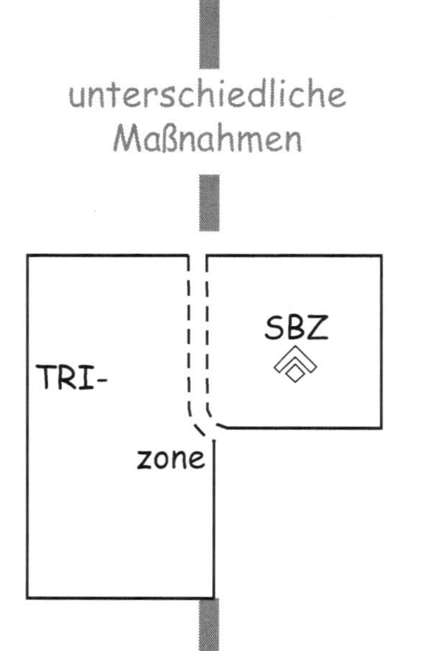


Scheitern der gemeinsamen Viermächtepolitik

deutsche Teilung

## in der SBZ

**Ziele:**

- Zentralisierung nach sowjetischem Muster
- kommunistisch geprägtes Gesamtdeutschland

**Maßnahmen:**

- Zulassung von Parteien: KPD, SPD, CDU, LDPD
- Zusammenschluss von KPD und SPD zur SED unter sowjetischem Druck
- Verstaatlichungen (Banken, Industrie) und Bodenreform
- Reparationen in die UdSSR
- Währungsreform 1948: Mark
- Berlin-Blockade 1948: Sperrung der Land- und Wasserwege aus den Westzonen nach Berlin. Absicht: Kontrolle ganz Berlins
- Beendigung der Blockade und Austritt der UdSSR aus dem Alliierten Kontrollrat

# Die Gründung zweier deutscher Staaten

**Auftrag der Westmächte:**
**Aufbau eines demokratischen Staates**

- Einberufung eines parlamentarischen Rates (Ministerpräsidenten der Länder)
  Vorsitz: Konrad Adenauer (CDU)
  Carlo Schmid (SPD)
  Aufgabe: Ausarbeitung eines Grundgesetzentwurfes
- 23. Mai 1949: Verkündung des Grundgesetzes mit Billigung der Westmächte

Tri-
zone

SBZ

Bundesrepublik Deutschland

Deutsche Demokratische Republik

**Einfluss der sowjetischen Besatzungsmacht:**
**Aufbau eines eigenen deutschen Staates**

- Einberufung eines Volksrates
  Vorsitz: Otto Grotewohl (SED)
  Aufgabe: Ausarbeitung einer Verfassung
- Wahl eines Volkskongresses nach Einheitslisten
- 7. Oktober 1949: Verkündung der Verfassung der DDR mit Genehmigung der UdSSR

### Merkmale des Grundgesetzes:

- Menschenrechte (Art. 1-19 GG)
- demokratischer und sozialer Rechtsstaat
- Bundesstaat
- Gewaltenteilung

### Merkmale der Verfassung der DDR:

- scheinbare Gewährung von Grundrechten
- scheindemokratischer Staatsaufbau (Wahlen)
- Einparteienstaat: sozialistischer Zentralismus
- keine Gewaltenteilung

**Auftrag des Grundgesetzes, „in freier Selbstbestimmung die Einheit und Freiheit Deutschlands zu vollenden".**

# Die Ära Adenauer (1949–1963)

**14. August 1949**
**Wahl zum ersten deutschen Bundestag**

- 16 Parteien
- Wahlkampf
- vorläufige Bundeshauptstadt Bonn

**Wahlergebnis:**

| CDU/CSU | SPD | |
|---|---|---|
| (Vorsitzender: Konrad Adenauer) | (Vorsitzender: Kurt Schumacher) | FDP: 11,9 %<br>KPD: 5,7 %<br>BP: 4,2 %<br>DP: 4,0 %<br>u. a. |
| 31 % | 29,2 % | |

**Regierungsbildung**

- Koalition im Bundestag aus CDU/CSU, FDP, DP
- erster Bundeskanzler: Konrad Adenauer (CDU)
- erster Bundespräsident: Theodor Heuss (FDP)

## Grundpositionen der Politik Adenauers

| Aufhebung des Besatzungsstatuts | Westorientierung |
|---|---|
| Ziel:<br>volle Souveränität | Ziel:<br>• Vertrauen der westlichen Staaten<br>• Aussöhnung mit Frankreich |

| Gleichberechtigung Deutschlands | Alleinvertretungsanspruch für ganz Deutschland | „Hallstein-Doktrin" |
|---|---|---|
| Ziel:<br>westeuropäische Staatengemeinschaft | Ziel:<br>Wiedervereinigung | Ziel:<br>Nichtanerkennung der DDR als eigener Staat |

# Die Ära Adenauer (1949–1963)

## Westpolitik

- 1952 Deutschlandvertrag: Aufhebung des Besatzungsstatuts
- 1955 NATO-Mitgliedschaft der Bundesrepublik
- 1957 Gründung der Europäischen Wirtschaftsgemeinschaft (EWG) Mitglieder: Frankreich, Italien, Deutschland, Beneluxstaaten
- 1963 deutsch-französischer Freundschaftsvertrag: Aussöhnung Deutschlands mit Frankreich

## Innenpolitik

- Wiederbewaffnung: Gründung der Bundeswehr, 1956 Einführung der allgemeinen Wehrpflicht
- soziale Marktwirtschaft (Ludwig Erhard): Verbindung von wirtschaftlicher Freiheit und sozialer Gerechtigkeit
- „Wirtschaftswunder“: Produktionsanstieg, Vollbeschäftigung, Preisstabilität, zunehmender Wohlstand

## Ostpolitik

- 1952 Angebot Stalins: Friedensvertrag, Wiedervereinigung beider deutscher Staaten

Reaktion der Westmächte und Adenauers: Forderung nach freien Wahlen in der DDR, Misstrauen gegenüber Stalin

- 1955 Besuch Adenauers in der UdSSR: Aufnahme diplomatischer Beziehungen Rückkehr von 10 000 Kriegsgefangenen

## Die Politik Adenauers

- sichert die Freiheit durch Verankerung im westlichen Bündnis,
- verzichtet vorerst auf Wiedervereinigung,
- führt zu einem erstaunlichen Wirtschaftsaufschwung.

# Die Entwicklung der DDR bis 1961

„Richtlinien zum planmäßigen Aufbau des Sozialismus" (1952):

- zentralisierter Staatsaufbau
- Verschärfung des Klassenkampfes
- Enteignung und Verstaatlichung von Industrie, Handel, Banken, Handwerk
- Zwangskollektivierung
- zentral verwaltete Wirtschaft: Fünfjahrespläne, Vorrang der Schwer- und chemischen Industrie, festgelegte Preise und Löhne, Erhöhung der Normen bei gleichem Lohn

## Der Volksaufstand des 17. Juni 1953

Forderungen:

- freie Wahlen
- Wiedervereinigung
- Absetzung Ulbrichts

Reaktion der Regierung:

- Ausnahmezustand
- Einsatz russischer Panzer
- Verhaftungen und Todesurteile

in der Bundesrepublik Deutschland:
17. Juni nationaler Gedenktag
„Tag der deutschen Einheit" (bis 1990)

## Gesellschaft im totalitären Staat

- Propaganda durch zensierte Medien
- Verfolgung von Kritikern als Klassenfeinde
- Erfassung und Erziehung der Jugend (junge Pioniere)

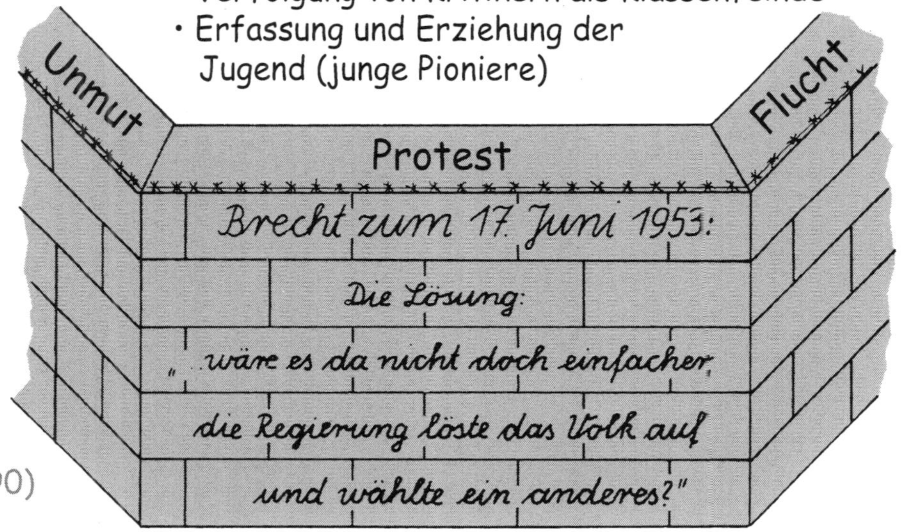

## Flüchtlingsströme in den Westen

Reaktion der Regierung:

- Schließung der Grenze
- 13. August 1961: Bau der Berliner Mauer
- dichter Grenzzaun (Minen, Schießbefehl)

danach in der DDR:

- weiterhin Fluchtversuche
- Ausreiseanträge

Vollständige wirtschaftliche (COMECON) und militärische (Warschauer Pakt) Einbindung der DDR in den kommunistischen Machtbereich unter sowjetischer Führung

# Die Bundesrepublik Deutschland von 1963 bis 1982

**Innere Entwicklung**

- wirtschaftliche Rezession
- „Notstandsgesetze“: Ergänzung des *GG* mit der Mehrheit der großen Koalition (ca. 90 %)

Folgen:

Außerparlamentarische Opposition (APO)
Studentenunruhen
Terrorismus: gewalttätige Aktionen gegen den Staat (Entführungen, Sprengstoffanschläge, Morde)

---

- Wirtschaftsaufschwung bis 1973
- weiterer Ausbau von Sozialleistungen des Staates
- „Ölschock“: schneller Anstieg der Ölpreise

Folge:

Angst vor Energiekrise

---

- Ausbau und Nutzung der Kernenergie
- Staatsverschuldung
- hohe Arbeitslosigkeit
- Stationierung von Kernwaffen
- wachsende Umweltbedrohung

Folgen:

Bürgerinitiativen
Partei der „Grünen“ im Bundestag

**Regierungen:**

| Regierungen: |
|---|
| Erhard, CDU<br>1963–1966<br>CDU/FDP-Koalition |
| Kiesinger, CDU<br>1966–1969<br>„Große Koalition“<br>CDU-SPD |
| Brandt, SPD<br>1969–1974<br>SPD/FDP-Koalition |
| Schmidt, SPD<br>1974–1982<br>SPD/FDP-Koalition |

Probleme:

- Umweltschutz
- Arbeitslosigkeit
- Friedenssicherung
- Staatsverschuldung

Nach dem 2. Weltkrieg:
„Kalter Krieg“ zwischen Ost und West

**Ostpolitik als Entspannungspolitik**

- 1970 Moskauer Vertrag: Gewaltverzichtsabkommen
- 1970 Warschauer Vertrag: Anerkennung der Westgrenze Polens
- 1970 deutsch-deutsche Begegnung Brandt/Stoph
- 1971 Transitabkommen mit der DDR
- 1973 Grundlagenvertrag mit der DDR: gutnachbarliche Beziehungen, Unverletzlichkeit der Grenzen, Gewaltverzicht

Urteil des Bundesverfassungsgerichts:
1. DDR gilt nicht als Ausland
2. DDR-Bürger gelten als Deutsche im Sinne des *GG*

# Blockbildung von 1945 bis 1975: der Ost-West-Konflikt

| Westen: Maßnahmen | Westen: Ziele | Methoden der Auseinandersetzung | Osten: Ziele | Osten: Maßnahmen |
|---|---|---|---|---|
| • „Truman Doktrin“ | Eindämmung des Kommunismus | Kalter Krieg: | Ausbreitung des Kommunismus | • Einsetzung kommunistischer Regierungen (Satellitenstaaten) |
| • „Marshall-Plan“ | wirtschaftlicher Wiederaufbau | • Berlin-Krise 1948<br>• Korea-Krieg 1953 | | |
| • Berliner Luftbrücke | Schutz Westberlins | gegenseitige Abschreckung | Isolierung Berlins | • Berliner Blockade |
| • „Eisenhower-Doktrin“ | „Rollback“ des Kommunismus | • Kuba-Krise 1962 | Sicherung des kommunistischen Machtbereichs | • Niederschlagung von Aufständen (1953 DDR, 1956 Ungarn, 1968 CSSR) |
| • NATO-Bündnis | militärischer Schutz | | militärisches Gegengewicht zur NATO | • Warschauer Pakt |
| • Blockade Kubas (Kennedy) | Zurückweisung der sowjetischen Atomraketen | Politik der friedlichen Koexistenz: | Militärstützpunkt in der Nähe der USA | • Atomraketen auf Kuba (Chruschtschow) |
| • „Nixon-Doktrin“ | Begrenzung des amerik. Engagements auf die nichtkommunistische Welt | • Entspannungspolitik<br>• Viermächteabkommen über Berlin 1971 | Zwang zur Linientreue innerhalb des Ostblocks | • „Breschnew-Doktrin“ |
| • verstärkte Wirtschafts- und Militärhilfe in blockfreien Ländern (Mittelamerika) | Abwehr des kommunistischen Einflusses | • KSZE-Konferenz 1975<br>gegenseitiges Misstrauen | Ausweitung des kommunistischen Einflusses | • verstärkte Wirtschafts- und Militärhilfe in blockfreien Ländern (Afghanistan) |

# Entwicklungsländer

Zeitalter des

Imperialismus

Ab 1918: erwachendes Unabhängigkeitsstreben

## Entkolonialisierung

– der schwere Weg zur Unabhängigkeit –

- Unruhen, Aufstände
- Befreiungsbewegungen
- gewaltloser Widerstand
- Apartheid (Rassentrennung)

## Kennzeichen der Entwicklungsländer:

- geringe Produktivität
- Bevölkerungswachstum
- hohe Sterberate (Hunger)
- Diktatur, Putsch, Bürgerkrieg
- geringer Bildungsstand
- wirtschaftliche Abhängigkeit von den Industriestaaten (Verschuldung, Rohstoffpreise)
- soziale Spannungen

## Die Rolle der Entwicklungsländer in der Weltpolitik:

- Ergänzung und Verschärfung des Ost-West-Konflikts durch das Nord-Südgefälle
- verstärkte wirtschaftliche und militärische Einflussnahme der Supermächte
- wachsende Bedeutung für die Weltwirtschaft (Rohstoffe) und den Weltfrieden (UNO)

# Der Weg Chinas zur kommunistischen Großmacht

1911 Sturz des Kaisers von China

**Kommunisten**
unter Mao Zedong:
Revolution zugunsten der verarmten Bauern

Bürgerkrieg:

- Guerillakrieg
- „Langer Marsch“

**Nationalchinesen**
unter Chiang Kai-Shek:
Vernachlässigung der Bodenreform

Ergebnis:

- Sieg der Kommunisten
- 1949 Gründung der VR China
- nationalchinesischer Staat auf der Insel Taiwan

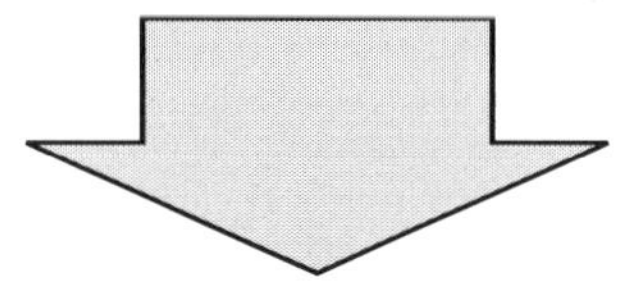

Die Ära Mao

**Innenpolitik**

- Bodenreform
- Volkskommunen
- Fünfjahrespläne
- Personenkult
- Kulturrevolution (Terror der Roten Garden)

**Außenpolitik**

- offensive Außenpolitik: Großmacht in Asien
- Einflussnahme in Entwicklungsländern
- Rivalität zur UdSSR

1976: Tod Maos

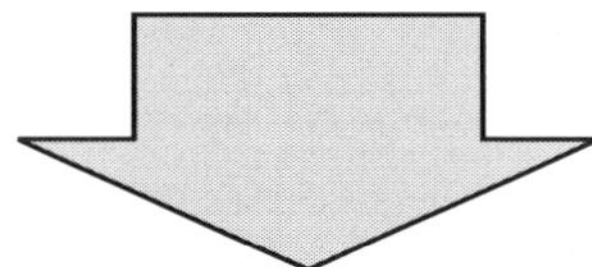

**Politik**

- Einparteienstaat
- Kommunismus
- gewaltsame Unterdrückung der Demokratie (1989)

**Wirtschaft**

- wirtschaftliche Modernisierung
- Öffnung für westliches Kapital und westliche Firmen

# Der europäische Einigungsprozess bis 1993

**Stationen auf dem Weg zur Europäischen Gemeinschaft (EG):**

Nach dem 2. Weltkrieg: Wunsch nach verstärkter Zusammenarbeit der Völker Europas

1951: Montanunion
- 6 Mitglieder -

1957: EWG/Euratom
- 6 Mitglieder -

1967: EG

1993: europäischer Binnenmarkt

Pläne:
- gemeinsame Währung
- gemeinsame Außenpolitik
- Aufnahme weiterer Mitglieder

## Erfolge

**wirtschaftlich:**
- gemeinsame Agrarpolitik
- Beseitigung von Zöllen
- freie Wahl des Arbeitsplatzes
- hoher Anteil am Welthandel

**politisch:**
- erleichterter Grenzverkehr
- regelmäßige Gipfeltreffen der Regierungschefs
- regelmäßige politische Beratungen und Absprachen

**kulturell:** Städtepartnerschaften u. a.

## Probleme:

- Kluft zwischen Arm und Reich
- Überproduktion des Agrarmarktes
- hohe Kosten für Subventionen, Verwaltung und Lagerhaltung
- Schwierigkeiten auf dem Weg zur politischen Einigung (Abstimmungsverfahren, Schwäche des europ. Parlaments, Beharren auf nationalen Interessen)

# Der Nahost-Konflikt

## - ein ungelöster/unlösbarer Konflikt? -

### Ursachen:

- Unzufriedenheit der Juden über Zerstreuung in aller Welt
- um 1900 Aufkommen des Zionismus: Forderung nach einem eigenen jüdischen Staat in Palästina (Th. Herzl)
- 1917 Balfour-Erklärung: Sympathie Englands für jüdischen Staat auf dem englischen Mandatsgebiet Palästina
- ab 1930 verstärkte jüdische Einwanderung nach Palästina und Gründung von Siedlungen
- beginnende Auseinandersetzungen zwischen jüdischen Siedlern und einheimischen Palästinensern
- 1947 Teilung Palästinas durch die UNO
- 1948 Gründung des Staates Israel gegen den Willen der Araber

### Verlauf:

**ISRAEL**

**Ziele:**

- Anerkennung der Existenzberechtigung Israels
- sichere Grenzen
- vereintes Jerusalem als Hauptstadt

1948/49
1. Nahostkrieg

1956
Sinaifeldzug Israels

1967
Sechs-Tage-Krieg

1973
„Jom-Kippur-Krieg"

**ARABISCHE LÄNDER**

**Ziele:**

- Befreiung Palästinas vom Zionismus
- Errichtung eines palästinensischen Staates
- Rückgabe aller von den Israelis besetzten Gebiete

### Weitere Entwicklung:

- arabische Staaten: Nichtanerkennung Israels und weitere Feindschaft
- Israel: Selbstbehauptung, Siedlungspolitik
- Palästinenser: Partisanenkrieg, Terrorismus, Unruhen
- Ägypten: Ausgleich mit Israel (1979)

# Afrika und Lateinamerika

## Afrika

seit dem 19. Jahrhundert: Kolonialgebiet von England, Frankreich, Portugal und Belgien

ab 1918:
- beginnende Entkolonialisierung
- Staatengründungen ohne Rücksicht auf Stammesgrenzen

**besondere Probleme**

- Rassenkonflikte: Apartheid in Südafrika
- Bürgerkriege, Stammeskriege; Kindersoldaten
- Militärdiktaturen, korrupte Regierungen
- AIDS
- Wirtschaftliche Abhängigkeit vom Weltmarkt

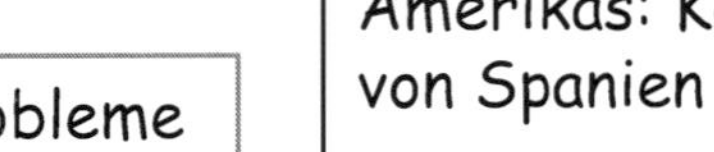

**gemeinsame Probleme**

- Analphabetentum
- Bevölkerungsexplosion
- Hunger
- industrielle Rückständigkeit
- Arbeitslosigkeit
- Staatsverschuldung

## Lateinamerika

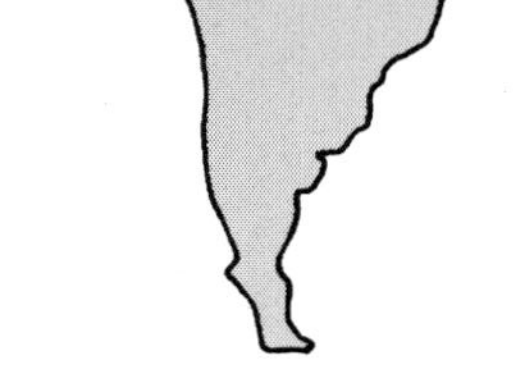

nach der Entdeckung Amerikas: Kolonialgebiet von Spanien und Portugal

im 20. Jahrhundert:
- beginnende Entkolonialisierung
- Befreiungsbewegungen

**besondere Probleme**

- soziale Kluft zwischen Großgrundbesitzern und Bauern
- Landflucht – Verstädterung (z. B. Mexiko-Stadt)
- Militärdiktaturen – Menschenrechtsverletzungen
- Guerillakämpfe

## Ziele sinnvoller Entwicklungshilfe:

- verstärkte Eigenerzeugung von Nahrungsmitteln
- Verbesserung des öffentlichen Gesundheitswesens
- Geburtenkontrolle und Kampf gegen AIDS
- Ausbau des Bildungswesens
- Abrüstung (keine Waffenlieferungen)
- Ausbau der Infrastruktur

# Die DDR von 1961 bis 1989

**Maßnahmen zur Stabilisierung der DDR**

- 1963 Wirtschaftsreform
- 1964 Amnestie politischer Häftlinge
- 1968 Verfassungsänderung Art. 1:
  Streichung des Begriffes „deutsche Nation"
  Festhalten am Sozialismus
- Bemühungen um internationale Anerkennung:
  - 1973 Aufnahme in die UNO
  - 1973 Grundlagenvertrag mit der BRD
  - 1987 Besuch Honeckers in Bonn
  - sportliche Erfolge

**Weiterbestehende Missstände unter den Regierungen Ulbricht (1971) und Honecker (bis 1989)**

- schlechte wirtschaftliche Versorgung
- übermächtige Bürokratie (Überwachung)
- keine Reisefreiheit

**Reaktionen des Volkes**

- Anpassung
- Tauschhandel
- vereinzelte Regimekritiker und Bürgerrechtler
- Kirche als Anlaufstelle für Unzufriedene
- wachsender Unmut

1989

- Gorbatschow: „Wer zu spät kommt, den bestraft das Leben"
- Sturz Honeckers im Politbüro

- Bürgerbewegungen
- friedliche Massendemonstrationen
- Massenflucht

40 Jahre DDR

Wir sind das Volk

9. Nov. Öffnung der Mauer

# Die DDR 1989/1990

**Missstände im SED-Staat**

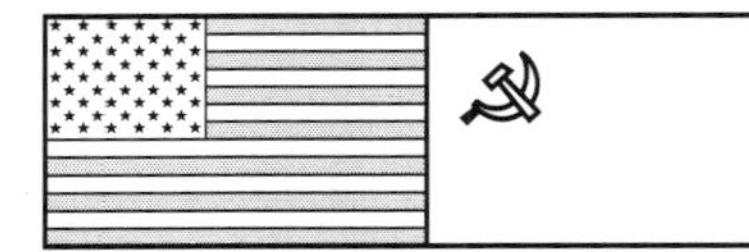

**Außenpolitische Einflüsse**

- Gorbatschows Perestroika
- Entspannung USA/UdSSR
- Zerfall des Ostblocks

**Unzufriedenheit der Menschen**

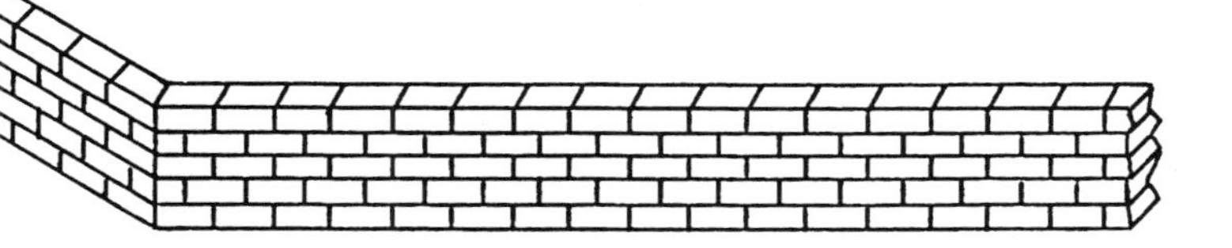

9. Nov. 1989
Öffnung der Mauer

Friedliche Revolution in der DDR:

von der SED-Diktatur zur freiheitlichen Demokratie

**Politischer Wandel**

- Übergangsregierungen der SED-Politiker Krenz und Modrow
- Wegfall der führenden Rolle der SED im Staat
- Verhandlungen von SED und Opposition am sog. „Runden Tisch"
- Parteigründungen
- Auflösung der „Stasi"
- 18. März 1990: erste freie Wahlen zur Volkskammer

**Wirtschaftlicher und gesellschaftllicher Wandel**

- beginnende Umwandlung der Planwirtschaft in die Marktwirtschaft
- Pressefreiheit
- Reisefreiheit
- Freiheit für politische Gefangene
- Hoffnung auf schnelle Wiedervereinigung

# Die christlich-liberale Koalition (1982–1998)

## Innere Entwicklung

- sinkende Inflationsrate bis 1987, erneuter Anstieg bis 1992
- weiterhin hohe Arbeitslosenzahlen (ca. 2 Millionen) bis 1990
- anhaltendes Wirtschaftswachstum zwischen 2 und 4 %

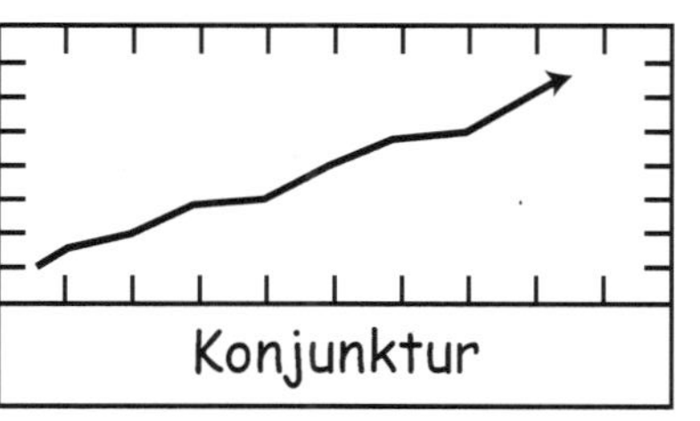
Konjunktur

- zunehmende Umweltbelastung

**Maßnahmen:**

1. Förderung von abgasarmen Autos (Katalysator)
2. Einrichtung eines Umweltministeriums
3. Umwelthaftungsgesetz nach dem Verursacherprinzip
4. Verbesserung der Abfallentsorgung
5. ...

| Regierung **bis 1982:** Schmidt, SPD |
|---|
| **1982:** • Koalitionswechsel der F.D.P. • erfolgreiches Misstrauensvotum gegen Schmidt • neue Regierung Kohl – Genscher (CDU/CSU – F.D.P.) |
| **1983:** Neuwahlen, Sieg Kohls gegen Vogel (SPD) |
| **1987:** Bundestagswahlen, Sieg Kohls gegen Rau (SPD) |
| **1990:** gesamtdeutsche Wahlen, Sieg Kohls gegen Lafontaine (SPD) |
| **1994:** Wiederwahl Kohls gegen Scharping (SPD) |
| **1998:** Ende der christlich-liberalen Koalition |

## Ostpolitik

- Fortführung der Ostpolitik auf der Grundlage bestehender Verträge
- ab 1989: zielstrebige Schritte zur deutschen Wiedervereinigung
  1. 10-Punkte-Plan Kohls
  2. Staatsvertrag zwischen BRD und DDR

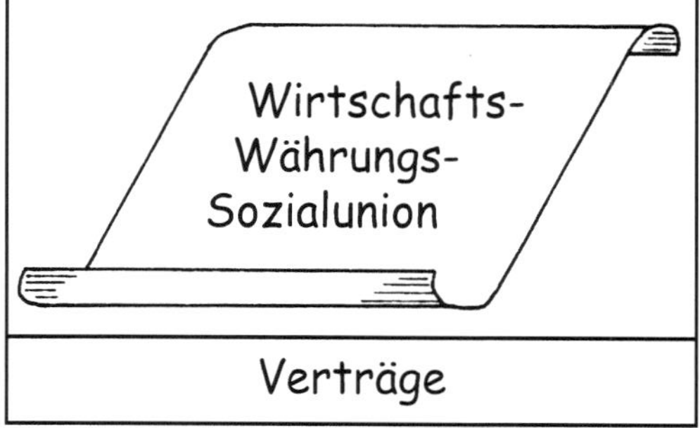

Verträge

  3. 2 + 4-Vertrag
  4. 3. Okt. 1990: Tag der Wiedervereinigung zwischen BRD und DDR

## Europapolitik

- Plan eines europäischen Binnenmarktes für 1993
- Ziel bis 1999: Wirtschafts- und Währungsunion

# Die Vereinigung der beiden deutschen Staaten

Zwei deutsche Staaten
(1949-1990)

Bundes-
republik

DDR

Bundesrepublik Deutschland
(ab 1990)

11 alte Bundesländer

Mecklenburg-Vorpommern
Brandenburg
Sachsen
Sachsen-Anhalt
Thüringen

## 18. März 1990: Volkskammerwahl in der DDR

Wahlergebnis:
- Sieg der „Allianz für Deutschland"
- Wunsch der meisten DDR-Bürger nach schneller Vereinigung
- Ministerpräsident de Maizière (Zusammenarbeit mit Kohl)

## Innenpolitische Schritte zur Wiedervereinigung

1. Staatsvertrag zwischen der Bundesrepublik und der DDR vom 1. Juli 1990

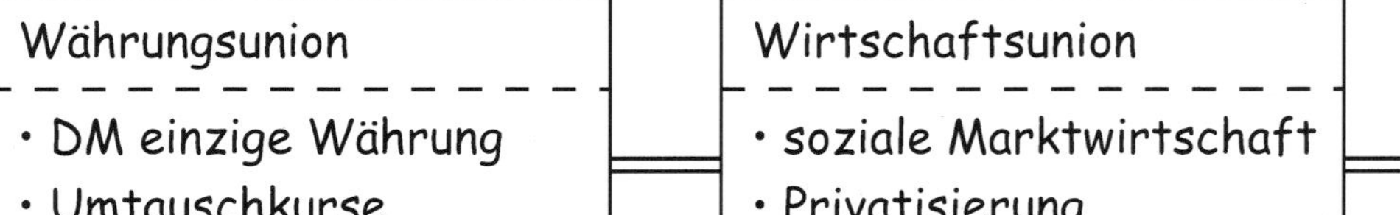


2. Bildung von 5 neuen Bundesländern
3. Einigungsvertrag
   - Beitritt der 5 neuen Bundesländer zur Bundesrepublik nach Art. 23 GG
   - Hauptstadt: Berlin
4. Tag der Wiedervereinigung: 3. Oktober 1990 (Nationalfeiertag)
5. erste gesamtdeutsche Bundestagswahlen am 2. Dezember 1990:
   Wahlsieg der christlich-liberalen Koalition (Kohl - Genscher)

## Außenpolitische Schritte zur Wiedervereinigung

6. „2 + 4-Vertrag"
   D/DDR + USA/UdSSR/GB/F
   - Festlegung der Grenzen
   - Truppenabzug
   - Die 4 Siegermächte gewähren volle Souveränität.

# Die Überwindung des Ost-West-Konflikts (1975–1992)

**Westen**

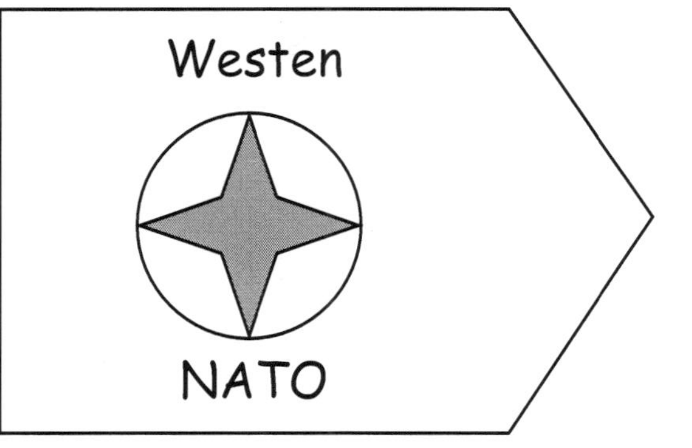

**NATO**

**Osten**

**Warschauer Pakt**

Bis 1975: Politik der friedlichen Koexistenz
Nach 1975: neue Spannungen

- unterschiedliche Auslegung der KSZE-Beschlüsse
- Unruhen in Polen
- 1979 Besetzung Afghanistans durch die UdSSR
- Bedrohung durch sowjetische Mittelstreckenraketen

**Westen:**

- NATO-Doppelbeschluss: Nachrüsten und Verhandeln
- Politik der Stärke unter US-Präsident Reagan
- wirtschaftliche Sanktionen
- SDI-Programm

1979/80: vorläufiges Ende der Entspannungspolitik

**Osten:**

- sowjetischer Rüstungsvorsprung
- 1982–1985: Führungskrise in der UdSSR
- wirtschaftliche Probleme, Versorgungskrise

**Westen:**

- Abrüstung bei der NATO
- Fortbestehen der NATO

Ab 1985: entscheidende Schritte zur Überwindung des Ost-West-Konflikts

1. JNF-Abrüstungsabkommen
2. regelmäßige Gipfeltreffen
3. ...

**Osten:**

- 1985: Amtsantritt Gorbatschows in der UdSSR
- neues politisches Klima: Glasnost und Perestroika
- einseitige Abrüstung
- Auflösung des Warschauer Paktes
- 1992: Zerfall der UdSSR

Ende des Kalten Krieges

# Der politische Wandel in Mittel- und Osteuropa seit 1989

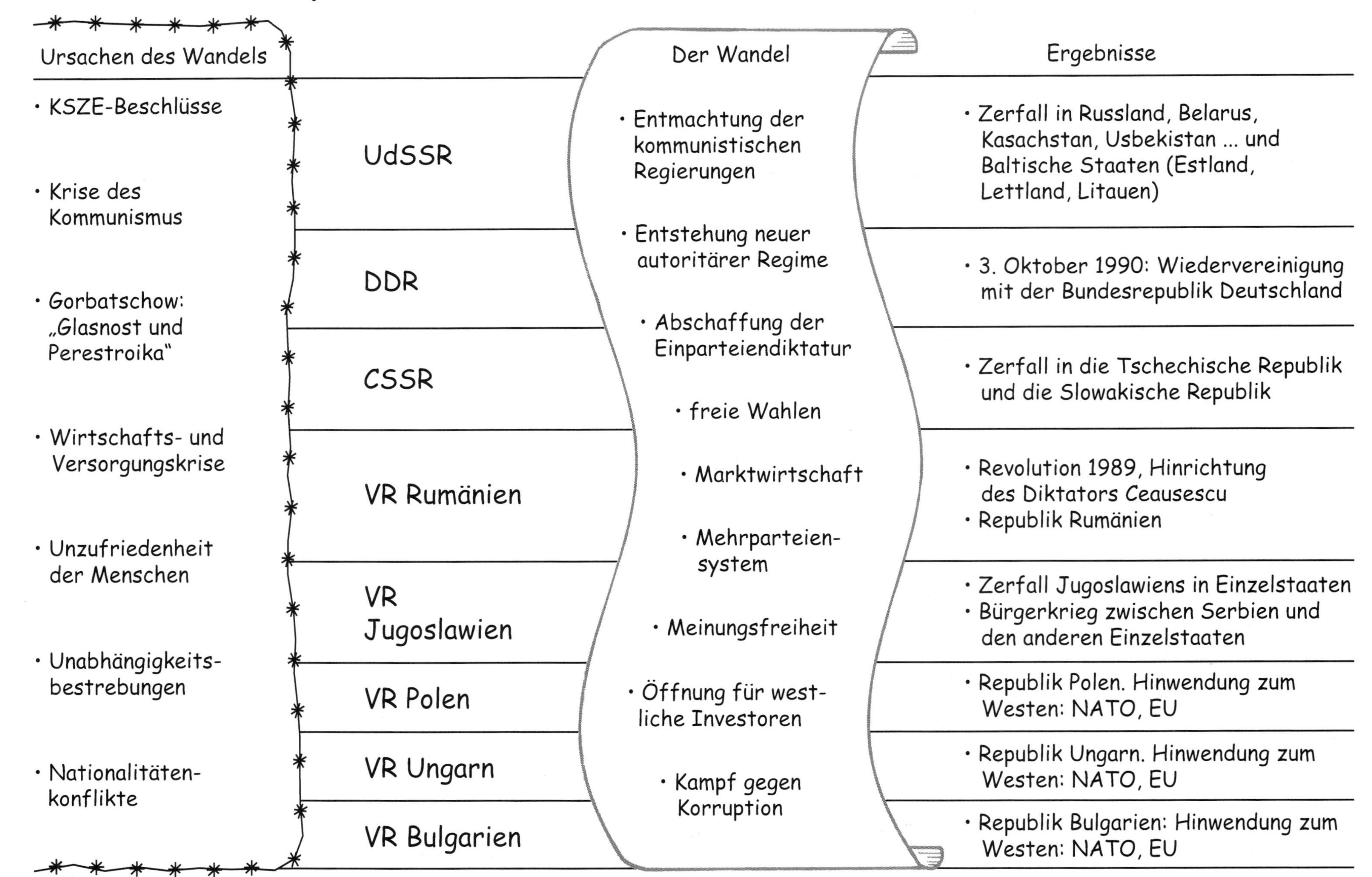

# Deutschland im 20. und beginnenden 21. Jahrhundert

| Zeit | Ereignisse | Ergebnisse |
|---|---|---|
| 1914–1918 | 1. Weltkrieg | Friede von Versailles |
| 1918–1933 | Weimarer Republik: Bedrohung der jungen Demokratie bis 1923 – Ära Stresemann, „goldene-Zwanziger"-Jahre bis 1929 – Wirtschaftskrise 1929–33 | Scheitern der Weimarer Republik |
| 1933/34 | Errichtung der NS-Diktatur durch Hitler | Führerstaat |
| 1934–1938 | NS-Wirtschafts- und Außenpolitik, Kriegsvorbereitung | verschleierte Staatsverschuldung |
| 1939–1945 | 2. Weltkrieg: Blitzkriege – Stalingrad – „totaler Krieg" – Zusammenbruch – Judenvernichtung – deutscher Widerstand | Ende des NS-Staates, demokratischer Neubeginn |
| 1945–1948 | das besetzte Deutschland: unterschiedliche Besatzungspolitik in den vier Besatzungszonen | beginnende deutsche Teilung |
| 1949 | Gründung zweier deutscher Staaten: Bundesrepublik Deutschland (BRD) und Deutsche Demokratische Republik (DDR) | offene Deutsche Frage Ziel: Wiedervereinigung |
| 1949–1963 | Ära Adenauer: Westorientierung, Politik der sozialen Marktwirtschaft | Gleichberechtigung der Bundesrepublik im westlichen Bündnis, „Wirtschaftswunder" |
| 1963–1982 | Bundeskanzler: Erhard (CDU), Kiesinger (CDU), Brandt (SPD), Schmidt (SPD) | Entspannungspolitik NATO-Doppelbeschluss |
| 1982–1998 | christlich-liberale Koalition Kohl (CDU)/ Genscher (FDP) | Wirtschaftswachstum |
| 1949–1989 | DDR: Ostbindung, sozialistischer Zwangsstaat unter Ulbricht und Honecker | Unzufriedenheit der DDR-Bürger, Flucht in die Bundesrepublik |
| 1989/90 | DDR: Massenproteste, Massenflucht | Öffnung der Mauer am 9. Nov. 1989 |
| 1990 | Einigungsvertrag der beiden deutschen Staaten, „2 + 4-Vertrag" zwischen den beiden deutschen Staaten und den Siegermächten des 2. Weltkrieges | 3. Oktober 1990 Wiedervereinigung |
| 2002 | Einführung des Euro in vielen Staaten der EU | Europa auf dem Weg zu einem einheitlichen Wirtschaftsraum |
| 1998–2005 | Regierungszeit von Bundeskanzler Gerhard Schröder (SPD) | erste rot-grüne Regierungskoalition (SPD/Grüne) |
| 2005–2021 | Regierungszeit von Bundeskanzlerin Angela Merkel (CDU mit wechselnden Koalitionspartnern) | Atomausstieg 2011, Flüchtlingskrise 2015, Klimapolitik, Corona-Krise |
| 2021–2025 | Regierungszeit von Bundeskanzler Olaf Scholz (SPD) in der Ampelkoalition aus SPD, Grünen, FDP | „Zeitenwende": Aufrüstung wegen Angriff Russlands auf die Ukraine |

# Die Welt im 20. und beginnenden 21. Jahrhundert

| Zeit | Ereignisse | Ergebnisse |
|---|---|---|
| nach 1900 | Entkolonialisierung in Afrika, Asien und Lateinamerika | Probleme in den Ländern des „globalen Südens" |
| 1914–1918 | 1. Weltkrieg | Völkerbund |
| 1917 | Russland/UdSSR: Oktoberrevolution (Lenin), Aufstieg zur Weltmacht (Stalin) | erster kommunistischer Staat |
| 1922–1945 | Italien: Faschismus (Mussolini) | Diktatur |
| 1939–1945 | 2. Weltkrieg | Kalter Krieg, UNO |
| 1949 | Revolution in China (Mao Zedong) | Weltmacht China |
| 1949–1985 | Rivalität zwischen NATO und Warschauer Pakt | Ost-West-Konflikt (Kalter Krieg) |
| nach 1951 | europäischer Einigungsprozess | EWG, EG, EU |
| ab 1985 | Gorbatschow: „Glasnost und Perestroika" | Ende des Kalten Krieges, Zerfall der UdSSR |
| 1989–1991 | Beseitigung der kommunistischen Herrschaft im Ostblock | Ende des Warschauer Paktes, Demokratisierung |
| 11.9.2001 | Anschlag der Terrororganisation Al-Qaida auf das World-Trade-Center in New York | islamistischer Fundamentalismus als neue Bedrohung |
| 2001–2011 | Kriege im Irak und Afghanistan mit dem Ziel, terroristische Gruppen (Taliban, Al-Qaida) zu besiegen | Versuch der Demokratisierung scheitert Rückzug der deutschen und US-Truppen |
| 2011–2025 | „Arabischer Frühling", russische Annexion der Krim, „Brexit", Covid-19-Pandemie, Angriffskrieg Russlands gegen die Ukraine, Nahost-Krise: Krieg Hamas – Israel | Internationale Krisen erfordern neue Formen der politischen Zusammenarbeit. |

# Die Welt zu Beginn des 21. Jahrhunderts

| | Probleme | | Aufgaben | |
|---|---|---|---|---|
| G | Flüchtlingsströme ab 2015, Spannungen zwischen Industrieländern und „globalem Süden" | globale Spannungen | Rückführung oder Eingliederung<br>sinnvolle Entwicklungshilfe<br>Hilfe zur Selbsthilfe<br>Problem: Grenzsicherung | |
| E | Kriege, Krisenherde (Ukraine, Nahost)<br>Terrorismus (Hamas u.a.) | Friedensbemühungen | Notwendigkeit von Kompromissen<br>Vermittlertätigkeit<br>internationale Friedenssicherung: UN, NATO, EU | Z |
| G | neue Formen sexueller Identität<br>Verletzung der Menschenwürde<br>Aufleben autoritärer Parteien/Regierungen | Menschenrechte | Anerkennung von LGBTQIA+<br>gerechte Verteilung der Nahrungsmittel<br>Einsatz für Demokratie und Menschenrechte | U |
| E | | | | K |
| N | wirtschaftliche Spannungen; Rohstoffe<br>Globalisierung (Handel, Produktion), Zölle | Wirtschaft | gerechte Verteilung von Rohstoffen<br>gerechte Zölle bzw. Freihandel<br>Bekämpfung von Armut | U |
| W | Einfluss von Technik auf Arbeitswelt<br>Digitalisierung (soziale Medien, KI) | Technik | Schutz der Privatsphäre<br>vernünftiger Umgang mit den neuen Medien | N |
| A | Abholzen der Regenwälder,<br>Naturkatastrophen,<br>Ozonloch, Waldsterben, Energiekrise | Umwelt: Klimakrise | Atomenergie beenden oder ausbauen<br>Ausbau alternativer Energiequellen<br>Maßnahmen, um den Klimawandel zu stoppen | F |
| R | Staatsverschuldung, Überalterung<br>Fachkräftemangel | Deutschland | Sicherung des Friedens, Aufrüstung<br>Förderung des Wirtschaftswachstums<br>Sicherung des sozialen Friedens<br>Bekämpfung von politischem Extremismus | T |
| T | unterschiedliche Entwicklung in einigen EU-Ländern<br>hohe Verschuldung einzelner<br>„Brexit" (2020), Verteidigungsfähigkeit | Europa | Notwendigkeit einer gemeinsamen Wirtschafts-, Finanz- und Verteidigungspolitik<br>Notwendigkeit des Schuldenabbaus | |

# Die globalisierte Welt am Anfang des 21. Jahrhunderts

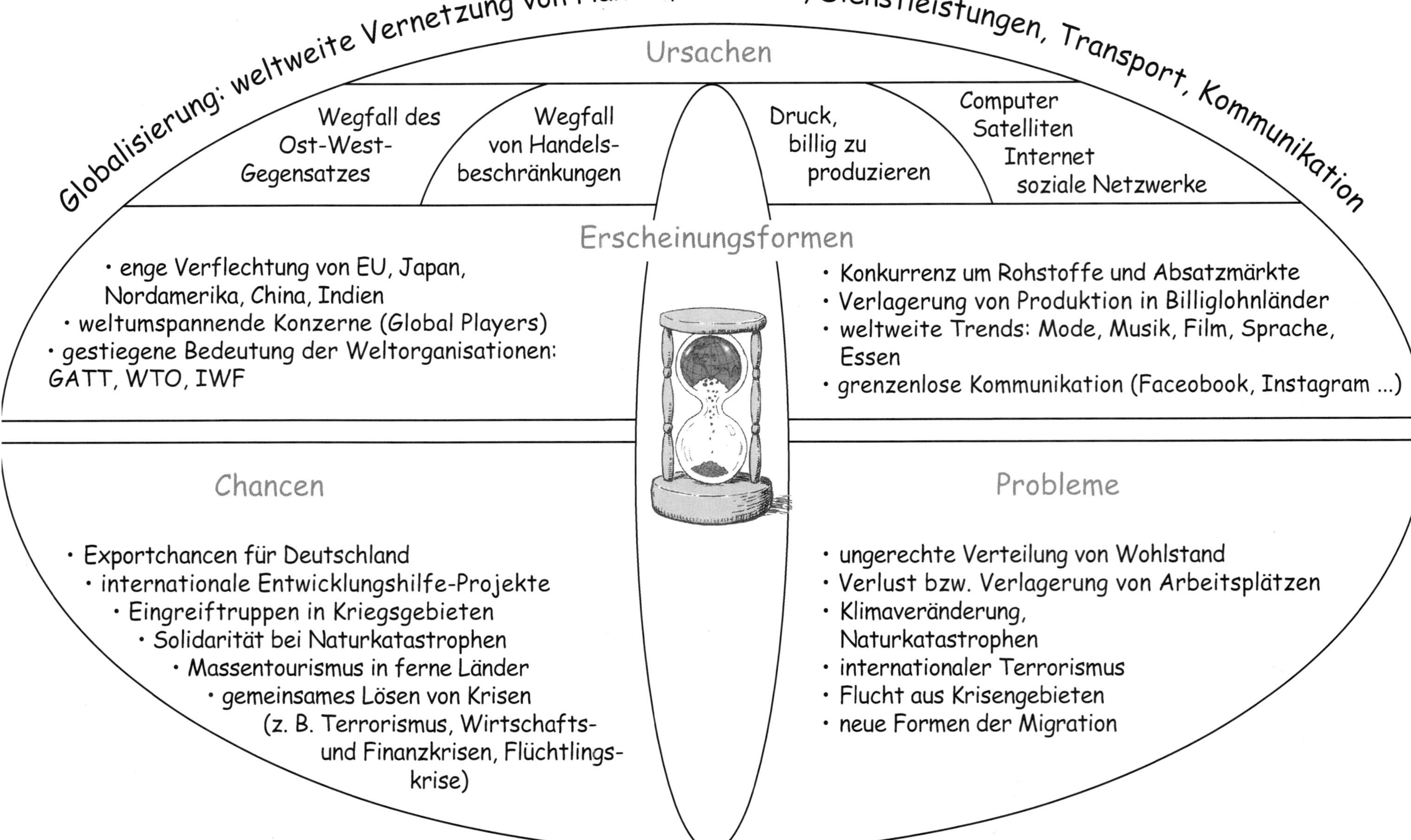

# Der 11. September 2001 und die weltweiten Reaktionen

**11.9.2001: Anschlag der Terrororganisation Al Qaida auf das World Trade Center in New York und das Pentagon in Washington (ca. 3000 Opfer)**

| Ziele des islamistischen Terrors | Terroranschläge | Weltweite Reaktionen |
|---|---|---|
| **Islamismus**<br>radikale Interpretation des Islam<br><br>• Aufbau von islamischen Gottesstaaten (Iran, Afghanistan)<br><br>• Kampf gegen Glaubensfeinde („Dschihad"): Christen, Juden<br><br>• Kampf gegen vermeintliche Unterdrückung islamischer Völker (in Russland, Indonesien)<br><br>• Kampf gegen westliche Lebensweise und westliche Finanzmärkte<br><br>• durch Anschläge in westlichen Demokratien auf die Ziele des Islamismus aufmerksam machen<br><br>• Kampf gegen die Existenz des Staates Israel durch Palästinenserorganisationen (Hamas, Hisbollah) | 4/2002: Synagoge auf Djerba in Tunesien<br><br>11/2003: Synagogen in Istanbul<br><br>3/2004: Pendlerzüge in Madrid<br><br>7/2005: U-Bahn in London<br><br>11/2008: Bahnhof, Hotel in Mumbai (Indien)<br><br>3/2010: U-Bahn in Moskau<br><br>2010/2012: christliche Kirchen in Nigeria<br><br>Irak, Afghanistan: zahlreiche Selbstmordattentate<br><br>2021-2025: Hamas-Raketenangriffe und Terrorangriffe auf Israel | • politische Maßnahmen: Verhandlungen, Boykottmaßnahmen, UN-Resolutionen<br><br>• Sicherheitsmaßnahmen: verschärfte Kontrollen (Flughäfen, Bahnhöfe, Grenzen), Überwachungsmaßnahmen, 2002/2003 Anti-Terror-Gesetze in Deutschland<br><br>• Kampfmaßnahmen: Einsätze von Drohnen, Tötung von Terroristen<br><br>• 2001: Krieg der NATO-Staaten gegen die Taliban in Afghanistan. Besetzung des Landes.<br>2003: Irak-Krieg. Festnahme und Hinrichtung des Diktators Saddam Hussein. Abzug der Truppen aus dem Irak und Afghanistan.<br><br>• Unterschiedliche Reaktionen: Unterstützung Israels, aber auch der Palästinenser |

# Die Erweiterung der Europäischen Union

| 1993:<br>„Europa der 12“ | 1993: Vertrag über die Europäische Union (EU) | Erweiterung der EU | Die EU heute |
|---|---|---|---|
| Beginn des Binnenmarktes<br>Belgien, Dänemark<br>Deutschland, Frankreich<br>Griechenland, Irland<br>Italien, Luxemburg<br>Niederlande, Portugal<br>Spanien, Großbritannien<br><br>Die Europäische Union | 1995: • Schengener Abkommen: Ende der Personenkontrollen an einigen Binnengrenzen<br>• Erweiterung um Österreich, Finnland, Schweden<br><br>1996: • Stabilitätspakt: geringe Staatsverschuldung<br>geringe Inflationsrate<br><br>1999: Einführung des Euro als gemeinsame Währung<br><br>2009: Vertrag von Lissabon: Europa soll demokratischer, effizienter und transparenter werden<br><br>2012: Friedensnobelpreis für die EU<br><br>2019: „Green Deal“: Klimaschutzprogramm | Slowakei<br>Slowenien<br>Tschechische Republik<br>Ungarn<br>Zypern<br>Estland<br>Lettland<br>Litauen<br>Malta<br>Polen<br>Rumänien<br>Bulgarien<br>Kroatien | **Chancen**<br>• gemeinsame Werte<br>• europäischer Umwelt- und Verbraucherschutz<br>• Bildungsprogramme (Studenten, Schüler)<br>• kulturelle Bereicherung<br>• größerer gemeinsamer Markt<br>• gemeinsames Handeln bei militärischer Bedrohung<br><br>**Probleme**<br>• unterschiedliche Bildung<br>• unterschiedlicher Wohlstand<br>• unsolide Haushaltsführung<br>• illegale Migration seit 2015<br>• Integration von Migranten<br>• Austritt von GB aus der EU („Brexit“ 2020) |

# Johannes Paul II. – ein außergewöhnlicher Papst

1920: geboren in Polen
1964: Erzbischof von Krakau
1978: Wahl zum Papst
2005: Tod in Rom

## Einflussnahme im Ost-West-Konflikt

- Unterstützung der Gewerkschaft „Solidarnosc" in Polen
- Unterstützung des Reformkurses von Gorbatschow
- Kritik am kommunistischen System

## politische Botschaften:

- Verurteilung von Atheismus und Kapitalismus
- Verurteilung von Völkermord und Folter
- Ablehnung von Kriegen (Irak)

2005 bis 2013:
Benedikt XVI.
(ehemals Kardinal Joseph Ratzinger)

2013-2025:
Franziskus

ab 2025:
Leo XIV.

## Impulse zur Aussöhnung der Religionen:

- Islam: Besuch einer Moschee
- Judentum: Gebet an der Klagemauer in Jerusalem
- Dialog zwischen den Religionen

## innerkirchliche Akzente:

- Bekenntnis zu den Irrtümern der katholischen Kirche (z. B. Prozess gegen Galileo Galilei)
- Festhalten an konservativen Einstellungen zu Abtreibung, Zölibat, Sexualität, Sterbehilfe
- über 1800 Selig- und Heiligsprechungen